AF259484

LETTRES

DE

L'OUVREUSE

VOYAGE AUTOUR DE LA MUSIQUE

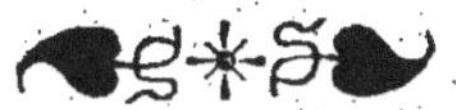

PARIS,

Chez Léon VANIER, Libraire

19, Quai Saint-Michel, 19

1890

LETTRES

DE

L'OUVREUSE

SAINT-DENIS. — IMP. BOUILLANT, 20, RUE DE PARIS.

LETTRES

DE

L'OUVREUSE

VOYAGE AUTOUR DE LA MUSIQUE

PARIS,

Chez Léon VANIER, Libraire

19, Quai Saint-Michel, 19

1890

Tous droits réservés.

A Monsieur Charles Lamoureux.

LETTRES DE L'OUVREUSE

LETTRES DU CONCERT LAMOUREUX

I

Monsieur le Directeur d'*Art et Critique*,

Trahie par un perfide, j'ai dû, jeune encore, dissimuler l'opulence de mes cheveux *auburn* sous le bonnet rose de l'ouvreuse, coiffure plus difficile à porter qu'un vain peuple ne pense, et que ma distinction naturelle a peut-être su rendre seyante. Il est toujours dur, pour une personne bien née, qui, j'ose le dire, a reçu une éducation au-dessus de la moyenne, d'employer ses grâces

à la distribution des petits bancs. Aussi aurais-je difficilement supporté l'amertume de
mon sort, si l'humble profession que j'ai em-
brassée, ne pouvant plus embrasser que ça,
ne me permettait d'entendre fréquemment
de la grande musique, aux concerts de
M. Lamoureux. J'adore la grande musique,
Monsieur le Directeur; elle seule peut consoler de certains revers de fortune.

Le ciel me garde de médire des critiques
musicaux, mais il me semble que ces messieurs — mes fonctions me laissent le loisir
de les observer — écoutent souvent assez
mal les morceaux dont ils doivent rendre
compte. J'en ai vu plus d'un suivre le prélude de *Tristan* sur le programme que je lui
avais remis (en échange d'une rétribution
modeste, d'ailleurs facultative) quand l'orchestre jouait un *allegretto* de Mendelssohn.
Il n'en protestait pas moins avec énergie
contre « le chromatisme exagéré du maître
de Bayreuth. »

J'ajouterai que leur style vraiment bizarre
m'a choquée maintes fois. Bref, leur exemple a dissipé toutes les hésitations, natu-
relles à mon sexe, dont j'avais été assaillie
au moment de prendre la plume. L'avoue-
rai-je? Élève de la puissante Mme Massard,
j'ai fait souventes fois gémir les pianos du
Conservatoire... je me flatte de mettre l'orthographe mieux que le duc d'Audiffret-
Pasquier, de l'Açcadémie... Enfin, préposée
au service du promenoir où se massent en
rangs serrés les élèves de M. César-Auguste
Franck, les wagnériens purs, je meuble ma
mémoire des cris variés qu'ils profèrent, des
subtiles remarques dont ils ponctuent l'exécution des morceaux.

Ma lettre est déjà trop longue pour que je
vous puisse raconter le concert de dimanche,
le premier de la saison. Je vous manderai
seulement qu'après une délicieuse symphonie de Schumann (j'adore Schumann, Monsieur le Directeur ; on dit qu'il orchestre

gris, moi, il me parle à l'âme), dont le
scherzo a toute la grâce des mélodies populaires allemandes, nous avons eu l'ouverture
de *Benvenuto Cellini*, de Berlioz. Nos jeunes
élèves de Franck n'ont pas paru en goûter
beaucoup l'*écriture*, comme ils disent, mais
ils ont bien été forcés de rendre justice à sa
verve étincelante.

Baryton, mais chauve, M. Faure ne les a
point enthousiasmés. Il est vrai qu'à force
d'expression et de style il en arrive à ne
plus même chanter en mesure — mais c'est
un si bel homme !

Si je les en crois, M. Lamoureux fera bien
de varier ses programmes, de sacrifier un peu
moins aux gens du monde, d'écarter la mai-
greur des concertos de Mozart (*la* majeur) et
la ventripotence de Talazac, et de redonner
quelques-unes de ces belles auditions qui
furent la gloire de ses concerts, au Château-
d'Eau et à l'Éden. Quel dommage que les
cuivres soient juchés tout en haut de l'es-

trade, le pavillon braqué vers les specta-
teurs! Leur sonorité tue celle des cordes, et
fait grand tort à ce fini d'exécution que
M. Lamoureux réalise si admirablement.
Dans les orchestres d'Allemagne, la disposition des instruments est très différente,
mieux pondérée en tout cas. Du reste, et
malgré ce défaut, les exécutions de M. Colonne (j'ai essayé un mois chez lui, à la saison dernière) ne sont vraiment pas à comparer aux nôtres.

Il ne me reste plus, Monsieur le Directeur,
qu'à exprimer mon espérance de vous voir
accueillir, dans votre estimable Revue, les
lignes que je me propose de vous adresser,
chaque dimanche soir, sur le concert de la
journée. Excusez-moi si je garde l'anonyme :
ma position vis-à-vis de M. Lamoureux
deviendrait trop délicate.

UNE OUVREUSE DU CIRQUE-D'ÉTÉ.

20 octobre 1889.

II

Le programme de notre dernier concert a
été, à peu de chose près, celui du précédent,
c'est-à-dire d'un intérêt très inférieur à ceux
qu'a dû payer Georges Hugo à ses prêteurs
sémites. La symphonie en *mi bémol* de Schumann était remplacée — ô douleur ! — par
la *Reformation-Symphony* de ce Pressenssé
de Mendelssohn. C'est vous dire que nous
avons avalé jusqu'à la garde le Chloral de
Luther, opération extrêmement désagréable,
vu sa trop fréquente répétition. Sans doute,
j'aime mieux me le savoir administré par

Mendelssohn que par Meyerbeer, mais ça devient embêtant à la fin! D'ailleurs, les symphonies de Mendelssohn, malgré la perfection de leur forme, demeurent toujours longues et froides. Wagner a très bien jugé ce piontifiant normalien de la musique en disant qu'il n'avait excellé que dans une chose, le paysage. Mendelssohn restera l'auteur du *Songe d'une nuit d'été* et de *la Grotte de Fingal*.

Puisque nous parlons de la *Reformation-Symphony*, je rappellerai que le motif du Gral se trouve textuellement dans l'introduction de cette symphonie. Le chantre de *Parsifal* aurait-il plagié Mendelssohn? Il est certain que plusieurs des réminiscences wagnériennes (et il y en a beaucoup, Wagner ayant fait la synthèse de la musique moderne), dérivent de motifs dus au correct raseur que vous savez. Mais ici, il est plus que probable que les deux auteurs se sont seulement rencontrés. Leur motif paraît provenir de l'*Amen* que l'on chante dans les églises catholiques de Bavière et de Saxe. Plusieurs de ces messieurs du promenoir l'affirmaient.

Insisterai-je sur la petite *Marche militaire française*, extraite de la *Suite algérienne* de M. Camille Saint-Saëns? Non; c'est l'innocente distraction d'un homme d'esprit : l'instrumentation en est brillante et le motif en est plat. Quand à M. Faure, toujours émouvant et funèbre, il a chanté *Plaisir d'amour* comme il eût dit : « Messieurs, la famille ! » Puis il a laissé tomber, avec une cruelle lenteur, comme au compte-gouttes, les notes de cette pauvre romance de l'Étoile, — celle-là qui rappelle à Henry Fouquier un air de *la Favorite!* O bon Wolfram d'Eschenbach, avais-tu prévu tous ces points d'orgue?

L'exécution orchestrale a été parfaite. On nous annonce Mme Caron pour dimanche prochain; sans doute elle nous chantera un peu de Reyer... Quoi qu'elle nous dise, cela nous

sera sûrement plus agréable que d'écouter
je ne sais quelle danse du *Tasse*, triste produit des gestations musicales de Benjamin
Godard, — celui qui déclara le *Chant de la
Cloche* et *Rübezahl* aussi dénués d'idées l'un
que l'autre; il juryfiait alors.

27 octobre 1889.

III

Ce n'est pas du Reyer que Mme Caron nous
a chanté, mais du Wagner, ce qui est meilleur (souvent), et du Godard, ce qui est pire
(toujours). Quel éclectisme, Messeigneurs!
O d'Indy, d'Indy, revenez vite de l'Ardèche
où vous écoutez la lointaine mélodie des
pâtres, dans le murmure des pins déjà se-
coués par la brise. Revenez vite : Benjamin
vous supplante dans la faveur du maître!
Amicus Plato, sed magis amicus le Tasse... gé-
missait un de nos jeunes wagnériens d'extrême gauche, Pierre de Bréville. Sérieuse-

ment, Vincent, revenez, il n'est que temps.

Je ne veux médire ici de mon nouveau patron, non plus que du précédent, mais il me semble que M. Lamoureux inaugure une politique Colonniale (avec deux *n*, si vous le permettez, Monsieur le Directeur), que les âmes vouées au seul culte de l'Art — j'ose me compter parmi celles-là — souhaiteraient lui voir abandonner. Majoration formidable du prix des places, exhibitions de M. Faure et autres curiosités, voilà qui nous change des anciennes habitudes, les bonnes. Mais enfin, il ne faut pas désespérer : M. Lamoureux a encore plus de vingt concerts devant lui.

Un mot pourtant sur la scène de *Lohengrin*, la seconde du *deux*, celle où Elsa dit son bonheur aux étoiles, et où la fourbe Ortrude, par ses hypocrites gémissements, capte la confiance de l'innocente princesse. Inutile de vous dire que tout cela est superbe, d'une mélodicité luxuriante, avec un farouche éclat

de vengeance dans le rôle d'Ortrude. Le
public a « rendu ». Et les critiques, donc!
M. Baüer, enthousiasmé, m'a donné un louis
pour payer son petit banc. Un peu plus, j'ai
cru qu'il allait m'embrasser. Ce sera pour
une autre fois; je l'attends au prochain
Tristan.

Tout le monde, à l'exception de Ritégail-
hard, s'accorde à trouver que Mme Caron est
une tragédienne lyrique éminente, la seule
peut-être, depuis la retraite de la Krauss,
que l'on puisse citer (modestement, d'ailleurs) après la Materna, la Vogl, la Malten.
Elle a bien chanté la partie d'Elsa, mais non
cependant avec l'absolue compréhension du
rôle. Mme Fursch-Madi, une Ortrude capi-
tonnée, n'a été que bonne.

Une première audition, la *Marche tzigane*
de Reyer. Elle est gentillette, peu capiteuse,
et aurait pu être remplacée, avec avantage,
par d'autres morceaux du même maître. Fi-
nissons en compliments : M. Lamoureux a

bien fait de nous rendre la belle symphonie en *mi bémol* de Mozart. D'aucuns la trouvent longue ; ils ont tort. Le début en est plein de noblesse et l'andante a beaucoup de sentiment. N'est-ce pas ?

3 novembre 1889.

IV

Ne me dénoncez pas à mon patron, je vous
en prie, Monsieur le Directeur! Je suis une
vraie petite folle! On me disait tant de bien
de Mlle Augusta Holmès, M. Saint-Saëns
l'enguirlandait en plein *Rappel* de louanges
si parfumées, le Chamillac de la *Revue illus-
trée* — c'est, m'assure-t-on, le pseudonyme
de M. René de Récy — la plaçait si résolument au premier rang des « aëdes sachant
« mêler, *sans danger d'y perdre la tête,* l'Or-
« phée du Verbe à ces Bacchantes de Thrace,
« souvent échevelées, qu'on appelle les Sono-

« rités de l'orchestre » (je n'ai pas compris
la phrase, mais elle m'a ravie), que je n'ai
pu me tenir de courir entendre l'*Ode triomphale*. J'ai permuté avec une de mes camarades du Châtelet, et, de mon pied léger,
j'ai trottiné jusqu'au temple où le flave
Édouard officie. Funeste erreur, funeste
erreur, fatal déli-i-i-ire ! J'en suis encore
sourde, mais là, sourde comme M. Madier de
Monpot.

Quand je pense que le poussif de l'*Événement* traite Mlle Holmès de « bas bleu prétentieux ». Des bas, elle ? Des bottes ! Des
bottes éperonnées !

Ah ! oui, elle est virile, Mlle Holmès ! Vrai,
pour l'honneur de mon sexe, il n'y en a pas
beaucoup de cette force. Déjà *Irlande* était
solide, très solide, mais ne passait pas la
mesure. Quant aux cuivres de l'*Ode triomphale*... enfin, le *Tharsis* remonte, le *Rio-
Tinto* exulte, toute la Société des Métaux est
en liesse. Taratata ! tata ! ratata ! Ce n'est pas

une femme, c'est un régiment; Holmès, ou
la *Fiancée du Cymbalier*.

De ci, de là, du Gounod, à l'entrée des
« Arts » par exemple, et du Sellenick,
hélas! et du Wettge, quoi encore? Mademoi-
selle, ce n'est pas bien. Si vous n'aviez pas
le temps de bâcler tout, il fallait, comme le
disait Ernst, passer la main au sympathique
Laurent de Rillé, mais il n'y a pas de hâte
qui puisse vous excuser de vous être trom-
pée si fort.

Vous êtes punie, d'ailleurs, si vous avez
vu les crapauds des fauteuils dodeliner de la
hure (ce fracas m'a bousculé la cohésion de
mes métaphores) à l'audition de vos chœurs
orphéoniques, et Juda Colonne inspiré, tragique, épars, s'auréolant de mèches rebel-
les, nager éperdument vers les choristes de
mon sexe, par le hurlement républicain de
cet affolant tintamarre, emmi les gloussements admiratifs des trois premières loges
de gauche bondées de parents extasiés.

Mais je reviens au concert de mon patron. Le croiriez-vous ? ma bonne petite camarade prétend que les violons ont barboté dans le Ruisseau de la *Pastorale !* Heureusement elle ajoute que Mme Caron a effacé cette mauvaise impression en chantant à ravir avec le mastodontesque Vergnet le grand duo de *Lohengrin.* Cette belle scène a obtenu un succès colossal ; ça ne m'étonne pas. Le public y est habitué. Il y a dix ans, il aurait fait la grimace ; il y a vingt ans, les clefs seraient sorties toutes seules des poches indignées. Cette chère Rose a aussi détaillé (comme par hasard) sa traditionnelle cantilène *Des présents de Gunther* de manière « à faire pâlir Mme Livitinof », assurait Jean Lorrain, toujours très russe.

Je ne vous en dis pas plus ; sachez seulement que Vincent d'Indy va nous revenir, revigoré, trempé pour la défense des bons principes, et prêt, je l'espère, à présenter à M. Lamoureux des observations respectueuses mais fermes, comme seul il sait les faire.

10 novembre 1889.

Rien, rien, rien... moins que rien!... pas l'ombre d'une nouveauté, pas même un signe qui permette d'augurer un avenir meilleur. D'un éclectisme de plus en plus furieux, M. Lamoureux associe le sublime duo de *Lohengrin* à cette immonde ouverture de *Patrie*, digne, hélas! oh! bien digne du « beau » drame emprunté par M. Sardou à certaine chronique flamande qu'il se fit traduire en belge par Wilder, sans même récompenser d'une loge pour la première ce travail *ingrat*, c'est le cas de le dire. Nourri

d'une telle moelle de canard, le public s'abê-
tit à vue d'œil : d'effroyables dépressions
gondolent les calvities des vieux habitués.
J'ai envie de rendre mon petit banc.

Où êtes-vous, vaillants hoplites, qui don-
niez si rudement aux grands jours de bataille? Élite du promenoir, beaux éphèbes
aux candides bravoures, où êtes-vous? Le
Cirque est veuf de vos phalanges... Dimanche
dernier, deux seulement avaient survécu,
les deux redoutés anabaptistes, Pierre de
Bréville et Maurice Bagès (prière de ne pas
composer Barrès). Je les vois encore, dominant de leur haute taille attristée le gâtisme environnant, tels les deux philosophes
du déplorable Thomas Couture. De Bréville,
l'auteur de *Sainte Rose de Lima*, l'ennemi de
feu Bizet, l'amer censeur de Berlioz, le gentleman accompli que la peur d'être vulgaire
(en musique, s'entend) pousse parfois à étrangler les idées aussitôt qu'elles paraissent;
d'ailleurs musicien raffiné, chercheur d'har-

monies rares et précieuses, élève de César Franck (naturellement). Bagès, amateur érudit et ténorisant, qui aurait pu être, lui aussi, élève de Franck ! Quant aux autres élèves de Franck ou amis des élèves de Franck, dispersés aux quatre coins du monde... à Colonne, peut-être !

S'il en est qui ont eu cette idée — et ma petite camarade me dit avoir reçu le velu Tiersot aux fauteuils d'orchestre du Châtelet — ils doivent s'en féliciter médiocrement. Non seulement leurs oreilles ont saigné aux fracas de l'*Ode triomphale*..., les malheureux ! *ad angusta per Augusta*, s'écriait le docte Camille Benoît, mais ils ont ouï la *Marche funèbre* du *Crépuscule des Dieux*, traîtreusement intitulée *Mort de Siegfried* par l'astucieux Colonne, que l'on peut, décidément, regarder sans se sentir fier d'être Français. Cette exécution capitale a été souillée par des scènes de férocité regrettables. Sur un signe du bourreau, les tubas ont odieusement brutalisé le patient ; celui-ci ayant voulu chanter quelques thèmes, il y a eu un instant de lutte cor à cor extrêmement confusé, de sorte qu'il n'a pas été possible de saisir le moment où l'on a mis les trompettes au clair. « Brünnhilde réveillée » n'a pu l'être que par le bruit ; aussi son apparition dans l'orchestre a semblé, à la lettre, sans motif.

Les cuivres hésitent, vacillent ; les sonorités sont mal équilibrées, les thèmes ne chantent pas. Allons, allons, Edoardo mio, un peu plus de répétitions, s. v. p.

17 novembre 1889.

VI

Monsieur le Directeur,

Vous me voyez tout épanouie. M. Lamoureux vient d'opérer ce que mon cousin le pompier (celui de la caserne du boulevard Arago) appelle un changement de front. Après des macédoines d'une fraîcheur douteuse et Duvalienne, il nous sert un véritable régal, fin et substantiel. Libre à vous de fredonner *La donna e mobile*; j'avoue que mes rancunes féminines ne tiennent pas devant deux heures de bonne musique, et j'en veux à ces messieurs du promenoir d'avoir

2

boudé notre concert. En fait de têtes connues, celle d'un Boucher (d'Argis) glabre pondeur de romans sales, dit-on — vous pensez bien que je ne lis pas ces choses-là — mais point de jouvenceaux élèves de Franck.

Je le sais, quelques-uns s'étaient égarés au Châtelet, où M. Colonne recevait son public, la Krauss en l'air, tout en salant avec sollicitude le prix de ses fauteuils. Elle a bien chanté, la tragique bossue, l'air de la comtesse des *Noces* en italien, accompagnée à l'italienne, hélas! Et comme elle a su interpréter l'héroïque immolation d'Alceste : *Non! ce n'est pas un sacrifice!* M. Henry Kunkelmann m'a fait observer, avec des yeux flambant de malice derrière son lorgnon, que le (et non *la*) *Trauermarsch* n'était plus intitulé : *La Mort de Siegfried*, depuis ma dernière lettre. J'ai rougi modestement. Une autre remarque, toujours de lui, c'est qu'un hautbois s'est obstiné à miauler faux pendant la fin du concert, avec une cruauté dont

Juda s'est énervé jusqu'à arrêter net son orchestre au milieu du cortège de Bacchus d'*Excelsior* (non ! de *Sylvia*, je confonds toujours !), sous ce prétexte gai que des gens osaient s'en aller pendant que tonitruaient les cuivres. J'accorde que les profanes avaient tort : ils auraient dû partir avant.

Chez nous, on échappe aux Delibes. Et M. Lamoureux a d'abord conduit l'exquise symphonie en *mi bémol* de Schumann. Robert, Robert, toi que j'aime... Ah ! trop heureuse Clara Wieck ! Mais tais-toi, mon cœur, tais-toi donc ! Apprenez seulement que notre orchestre s'est particulièrement distingué dans les périlleux contrepoints du *maestoso*, et que trombones et trompettes ont su mener à bien leur redoutable tâche.

Puis *la Captive*, jolie, encore que ce berliozophage de Maurice Bouchor la trouve « sujet de pendule » et qu'elle nous reporte aux plus mauvais jours du romantisme. Mais ça, c'est la faute au père Hugo. Le thème en

est expressif, la couleur instrumentale charmante... Il y a bien, sous la strophe « J'aime
en un lit de mousse » une petite esquisse de
boléro d'un castillan un peu Jeune France.
Mais quoi ! ils adoraient *Lara*, *Manfred* et *le
Corsaire*, en ces temps héroïques, truculents
et gobeurs !

Je voudrais, dans l'ouverture de *Tannhäuser*, correctement exécutée d'ailleurs,
le mouvement un peu plus large, surtout à la
fin, et que le premier thème fût posé de façon
plus pleine, plus expressive, plus scandée,
avec des respirations plus nettes. Le patron,
qui sait fort bien l'allemand, à ce qu'a raconté Bellaigue-à-la-barbe-dorée, pourra
s'assurer que Wagner a insisté sur ce point
dans les *Gesammelte Schriften (Ueber die Auf-
führung des T.)*. Quelle merveille que cette
ouverture, et combien nos petits raffinés auraient à considérer, en la grandiose péroraison, ce que devient aux mains du génie
une simple cadence parfaite !

Le *Waldweben* a charmé le public, jadis réfractaire à cette silvestre symphonie, dont le début pourrait bien dériver de l'accompagnement descriptif qui se développe sous les paroles d'Agathe : *Ob mein Ohr auch ängstlich lauscht*. Mais je l'avoue, M. Lamoureux a peut-être tort de coudre ainsi l'une à l'autre des pages qui ne se suivent pas. Et remplacer, dans ce *Waldweben*, une voix de femme par une flûte, diable!...

Tous mes compliments à l'excellent Chevillard, qui, dans la valse des *Lehrbuben*, remplit ses fonctions de Glockenspieler avec une gravité toute pontificale. Je persiste à croire que l'ouverture des *Maîtres chanteurs* est toujours dépêchée trop rapidement. Il faudrait une carrure plus ample, plus solennelle, plus ventripotente même au motif initial. Au contrepoint des trois motifs — motif de la bannière (ou de la marche), motif des maîtres, 2e motif d'amour de Walther — on a pataugé un tout petit peu. C'est que

les instrumentistes, inaccoutumés à une po-
lyphonie aussi vivante, où les diverses mélodies doivent être mises en pleine lumière,
manquent pour les deux derniers motifs, —
par opposition au *staccato* du premier —
d'Ausdruck et de Gehalten.

Ce sont les mots qu'employait, en cher-
chant deux sous pour me payer son petit
banc, oui, deux sous! un honnête Mecklem
bourgeois, membre du *Wagnerverein* de Cli-
chy, M. le Dr Hosenscheisser.

24 novembre 1889.

VII

Comme le sable du désert, tous, dispersés,
tous, dispersés (*ter*). Oui, Monsieur le Directeur ! C'est de ces messieurs du promenoir
que je parle, et pour que la douleur me fasse
citer du *Prophète,* vous pouvez croire qu'elle
est « immense et sans limites » comme la
mer de Sélika. Ne m'objectez pas que j'ai
contemplé la famille du Président; non, c'est
flatteur, c'est décoratif, mais ce n'est pas ça
que mon cœur désire. Et je verse des larmes
jalouses, en songeant que ma petite camarade du Châtelet — avec quel empressement

elle me l'a raconté ! — a veillé, toute rose
d'un pudique émoi, sur les opulentes four-
rures du grand Kœchlin, sur le pardessus
élégamment cintré de l'ultra-selected Pierre
de Bréville, sur le manteau de Bagès aux
yeux d'odalisque, et même sur le parapluie
de Tiersot (en-cas dernier modèle, manche
Conservatoire, monture *Ménestrel*, soie éclectique, article garanti à l'usage). Ils étaient
là, tous, Chabrier, Ernst, Bordes, Le Borne,
Benoît, Poujaud, Servières, Vincent d'Indy !
On eût dit un bouquet de fleurs.

Pourtant, nous avons très bien, mais très
bien joué l'*Héroïque*. J'avais placé au 4e rang,
à gauche, le critique musical d'un grand
journal du matin ; il n'a interrompu son
somme qu'à la fameuse entrée du cor, dans
la seconde partie de l'allegro, pour dire :
« Aïe ! on joue faux ! »

Pauvre gros homme, si vous aviez entendu
gémir la clarinette dans certain trio de Vincent d'Indy (exécuté à la Société nationale

il y a deux ans, je crois) vous n'en seriez
plus à souffrir d'un fragment d'accord de
septième sur la dominante de *mi bémol*. —
Mlle Landi a pleuré la perte d'Eurydice assez
gauchement, mais l'orchestre s'est vraiment
distingué dans les fragments des *Meister-
singer*. Après l'ouverture, prise enfin dans
un bon mouvement, je n'ai pu me retenir de
crier : A la bonne heure! » Si M. Lamoureux voulait m'en croire, il monterait la
symphonie de César Franck, d'une si admirable ordonnance, à part la petite redite inutile de l'exposition si lumineuse, si grave-
ment belle. Voilà qui ramènerait ces Messieurs du promenoir.

Au Châtelet, le noble et consciencieux
concerto de Lalo, avec les grands coups secs
d'orchestre du *Roi d'Ys*, a plu dans son ensemble. Pour s'être risqué à déclarer le
finale peut-être écourté et le premier morceau un peu Hymne russe, le critique de la
Revue du Monde où l'on s'ennuie a reçu de

Willy, dans le dos, deux coups d'œil furibonds. J'ai cru que votre collaborateur allait saborder Camille [1]. Notez que ce barbu flavescent avait déversé ses légitimes réserves, à voix basse, dans la trompe d'Eustache d'un voisin assez éloigné de votre facétieux critique. Ah! jeunesse, jeunesse! Diemer, avec un trille supérieurement fignolé, a soulevé les applaudissements forcenés de Mme Colonne et l'en a remerciée par un sourire qui a découvert son clavier buccal où les dièses manquent.

Oh! ce cruel ballet de Rubinstein! quelle sueur d'ennui inondait tous les visages! Le premier morceau ressemble à une danse du ventre, sans ventre; on s'attendait pourtant à la voir exécuter par M. Legouvé, toujours casse-noisette 1830, qui se cambrait dans un fauteuil au premier rang. Mais l'académicien nous a refusé cet intermède,

[1] M. Bellaigue. (*Note de l'Éditeur.*)

et il a fallu subir un second morceau qui rappelle vaguement les couplets des postillons dans les opérettes : *Toujours en avance* (bis) rimant avec *diligence*. On a sifflé ; pas assez.

Et c'est pour ouïr ces misères que nous délaissent les beaux jeunes hommes dont les noms blasonnent mon premier paragraphe ! Je les veux pourtraicturer, ces volages, Monsieur le Directeur. Vite, leurs noms sur des morceaux de programme coupés en carrés ! je les agite dans mon bonnet rose, ma petite camarade va tirer, elle qui présente toutes les conditions d'innocence requises... Benoît, Willy, Ernst et Vincent ! Le sort a parlé.

Benoît (Camille), la seule moustache rousse du groupe, qualifiée de vieille barbe par les adolescents nouvellement intronisés. Un peu hérisson, du moins à la surface. Signe particulier : sait l'allemand, ce à quoi les Wagnériens ne nous avaient point

accoutumés ! Élève de Franck, qu'il vénère.
Peu pratique, essentiellement déveinard, un
tantinet gaffeur, sévère pour lui-même, ne
ménage non plus personne. Tous en font
cas, hors les sots, en majorité d'ailleurs.
Artiste inquiet d'esthétique, de littérature
et de philosophie, harmoniste calé, croit
énergiquement que c'est arrivé. Conserve je
ne sais quoi au Louvre, car il n'ignore
point les arts du dessin et protège volontiers
les Primitifs ; honore de sa collaboration
diverses revues, entre autres le *Guide musical,*
où, sous le pseudonyme balzacien de Balthazar Claës, il a déposé aux pieds du « maître
de Liége » une gerbe de métaphores dévo-
tieuses : « Je *sens* là le triomphe inévitable
du juste ; j'y *respire* l'atmosphère beetho-
venienne » pour lesquelles un franckiste
imberbe — cet âge est sans pitié — l'a surnommé le critique olfactif ; versifie souvent,
les jours où la musique ne rend pas. A publié
deux volumes sur Richard Wagner, dont l'un

eut la bonne fortune d'être éreinté par ce Polonais plus asphyxiant que Choubersky, j'ai nommé Teodor de Wyzewa. A traduit *Faust* avec un religieux respect de la forme et du fond. Comme musicien, a peu produit, mais des œuvres consciencieuses et belles, de tendances fort élevées, entre autres *Cléopâtre* et *les Noces corinthiennes.*

De plus amples renseignements se trouveront dans un article de la *Revue Indépendante* pour la perpétration duquel il vient de remettre à Bruneau quelques notes autobiographiques dont ce fidèle ami de la vérité devra tempérer l'enthousiasme.

Willy est d'un blond clairsemé, poupin, un peu fat, de grosses lèvres de jouisseur, des yeux de myope, frais encore. A eu des succès féminins, et le laisse savoir. En musique, ne possède que des notions délicieusement vagues et s'extasie avec conscience sur des modulations qui n'existent que dans son encéphale. Soirise sous divers pseudonymes, grincheusement; recherche, infatigable, sur les quais, des brochures de son jeune temps qu'il détruit avec ivresse. Grand fumiste sous le ciel bleu, travaillé par la dégradante monomanie du calembour, il dépose d'épouvantables jeux de mots le long des partitions les plus respectées. SIGNE PARTICULIER : parle espagnol (n'est ce pas, nina?), ce qui ne lui sert qu'indirectement à comprendre Wagner. Il le sait et tape son *alter ego*, Ernst, des renseignements nécessaires, lorsqu'il doit soutenir, d'aventure, quelque polémique musicale contre le Wilder d'*Art et Critique*, ou construire, dans la *Grande Revue de Paris et de Saint-Pétersbourg*, un de ces articles massifs qu'il juge assez solennellement ennuyeux pour les oser signer du nom austère et polytechnicien d'Henry Gauthier-Villars.

Ernst — à vos souhaits! — est un des bons toqués du groupe. Ce qu'il a enfoncé de portes ouvertes et pourfendu de moulins est incalculable. Très emballé, a fait deux bouquins dithyrambiques sur Berlioz et Wagner. SIGNE PARTICULIER : féru de Mozart et fanatique de Lalo. L'auteur du *Roi d'Ys* ronflerait en public, Ernst s'écrierait : «Enfin, voilà une mélodie, une vraie mélodie! Faites-en donc autant!!!» Peu réjouissant quand il est livré à ses propres lumières, ce Chatrian de Willy-Erckmann emprunte à son copain les facéties qui pimentent parfois sa prose. Il gesticule, il contredit, il rétorque, et ses joues de baby non sevré s'empourprent.

Vincent d'Indy! Je ne puis, sans que les battements de mon cœur s'accélèrent, revoir ce beau ténébreux à la sombre chevelure, au teint pâle, aux yeux profonds!... J'aime étrangement sa musique, dont la saveur est si particulière. Elève de Franck, il doit sans doute beaucoup à son maître — tout le premier il le reconnaît et s'en fait gloire — mais son individualité reste « très accusée»,

pour parler comme les journalistes qui,
d'ailleurs, consentent depuis peu à lui reconnaître quelque talent. Simple ouvreuse,
peu au courant des hiérarchies académiques,
je trouve que le titre de maître, tout uni-
ment, ne peut être refusé au musicien français qui a écrit le *Chant de la Cloche*, la trilogie instrumentale de *Wallenstein*, la *Symphonie* sur un thème populaire entendu aux
montagnes de l'Ardèche, et tant de petits
poèmes musicaux exquis, d'une couleur très
originale, d'une facture toujours distinguée.
Que d'Indy arrive à dégager plus complètement encore sa personnalité si intéressante ;
qu'il se soucie un peu plus, sans rien abdi-
quer de ses principes, des sensations que
produisent ses harmonies sur le tympan des
auditeurs ; qu'il se défie des réminiscences
involontaires, qui vont parfois chez lui de
Wagner à Duparc ; et, en vérité, je ne vois
pas ce que l'on pourra trouver encore à
redire. J'oubliais : le Serpent fut toujours

mauvais conseiller, même sous le transparent pseudonyme de Fafner. Ne faisons pas chanter les serpents, d'Indy mon ami, dans ce drame cévenol que tous attendent avec impatience. Et croyez que nul ne vous admire plus tendrement que l'inconnue qui signe

UNE OUVREUSE DU CIRQUE D'ÉTÉ.

1er décembre 1889.

VIII

Une fois de plus, le premier acte de la *Walküre* (la Valkyrie, comme écrit l'ami Wilder) a sonné au Cirque d'Été. Quel triomphe! Et comme le soleil de Bayreuth a fait pâlir le carcel de Saint-Saëns, et ton flambeau, Schoubert! (orthographe wildérienne). De ce mélancolique, on nous donna une ouverture, *Rosamonde*, aussi réjouissante qu'un discours de M. Ribot; puis ce fut le beau *Manfred* de Schoumann (Victor, votre exemple me perdra!) dont Camille Bellaigue disait un jour qu'il contient toute

la Suisse, — c'est autrement économique
que les billets circulaires ; après le solo de
cor anglais, Dorel, sur un signe impératif
du patron, s'est levé pour saluer avec une
émotion reconnaissante.

Un mot seulement de la symphonie en *la*
extrêmement mineur, confectionnée par le
savant compositeur d'*Henry VIII*, alors qu'il
avait vingt-quatre ans à peine, — vingt-
quatre ans, l'âge de Roméo, Juliette ! —
Après l'audition de ce travail déjà très com-
pliqué, où l'on sent qu'un auteur très sage
s'est appliqué, je ne doute plus que M. Saint-
Saëns ne soit né à un âge avancé. A vingt-
quatre ans, produire une œuvre si correctement ratissée, d'une élégance si académique
(sèche comme un coup de trique, d'ailleurs) !
Fi donc ! On a bissé le *scherzo*, où bien des
cheveux périrent, coupés en quatre par cet
impitoyable Bourget du contrepoint. Quant
au premier morceau, sans doute à cause du
motif principal, pris canoniquement par les

divers instruments, il a été applaudi avec avec *bonheur* par le jouvenceau de ce nom.

Le connaissez-vous? Proche parent de la célèbre Rosa, Bonheur a reporté sur les différentes espèces de musiciens l'intérêt qu'elle témoignait aux veaux, aux cochons. Critique amer, très schoumannophile (encore!), il a conçu pour l'infortuné Bizet une effroyable haine, et pince, sur le cadavre attristé de ce gendre d'Halévy, avec de Bréville pour danseuse, le cancan du wagnérisme irréductible.

Une amie m'a dit avoir aperçu, non loin de Bonheur, la face pileuse de Tiersot; je ne l'ai point vue, mais j'ai remarqué l'auteur d'une collection commode des jugements portés en France sur Wagner, M. Georges Servières. Ce compilateur grincheux, pointu, l'air d'une victime hargneuse, est au fond incapable de méchancetés et pourvu d'idées assez saines. Mais il a tort de laisser croire qu'il n'est pas étranger à la rédaction de ces lettres ; je le lui prouverai. Aux premières se trouvait, toujours hirsute, toujours l'air *quærens quem devoret*, inoffensif pourtant, M. Bruneau [1].

Combien plus séduisant Poujaud le Noir, dont je ne me lassais pas d'admirer (en tout bien, tout honneur) la barbe courte et soyeuse, les yeux étincelants ! Franckiste et ami collectif de tous les élèves formés par le grand César, un des wagnériens les plus documentés et les plus gais que l'on puisse entendre, au promenoir, égayer un argument d'une alerte plaisanterie, fleurir une discussion technique de facéties désarmantes. Jadis, c'était fête au Châtelet quand les averses de ses lazzi pleuvaient dru sur les poses sibyllines d'Édouard (Descends d'ton trépied, hé, Colonne !) ou sur le gâtisme consterné des habitués. Bon monsieur Paul, vous avez sauvé vos amis d'eux-mêmes,

---

[1] Il s'agit de M. Bruneau, fils. (*Note de l'Éditeur.*)

car ces chers élèves ne sont point, tous les jours, incroyablement folâtres; et votre rire clair, vos mots cinglants, vos coq-à-l'âne irrésistibles ont éclaté comme des fanfares joyeuses dans cette forêt musicale, belle, profonde, mais parfois un peu broussailleuse.

Certains auraient désiré le *Liebeslied* pris un peu plus vite; moi je l'aurais voulu plus lent, pour y entendre plus longtemps la voix d'Engel.

Ein sel'ger Engel dort zu werden.

Ce ténor plein de conscience artistique, talentueux au possible et qui se dépense sans compter, on l'a salué d'une ovation délirante, avec trépignements à la basse. Pour Mme Brunet-Lafleur, je lui conseille vivement de liquider, comme son homonyme de la Compagnie de Panama. Qu'est devenue ta passion soudaine, ô Sieglinde, et ton désir si féminin de vengeance, et ce trans-

*

port d'esclave martyre que l'Amour va délivrer d'un maître exécré : « *Süsseste Rache sühnte dann Alles !* »

Notre orchestre a fort bien marché, sauf une trompette qui a joué avec une insuffisante justesse le motif de Nothung à sa première apparition. Il m'a semblé aussi qu'un flâneur de hautbois était arrivé, en carabinier des *Brigands*, au retour de l'*Erkennungsmotiv* après le monologue de Siegmund, quand Sieglinde entrebâille la porte, craintive.

M. Lamoureux a fait une grimace épouvantable aux seconds violons dans le scherzo de la symphonie de Saint-Saëns. Qu'eût-il dit en entendant, au Châtelet, un drôle de cor jouer faux maladivement, tout le long du septuor de Beethoven? Ma petite camarade, qui a le mot pour rire, m'a dit que ce cor devrait bien se munir de cresson de fontaine.

Le public de M. Colonne n'a eu garde de

protester, ayant usé toute sa vigueur à faire bisser l'air d'*Armide* que Mlle Berthe de Montalant a suffisamment chanté; c'est une grande personne, brune, potelée comme une rallonge.

8 décembre 1889

IX

Dans notre dernière séance musicale, nous avons ouï les *Adieux de Wotan*, cotonneusement phrasés par Auguez, toujours chantre plutôt que chanteur.

> La sombre aventure,
> Auguez,
> La sombre aventure.

Ces mêmes *Adieux*, paraît-il, révélés à Willy par les chanteurs de la Monnaie brabançonne, produisirent sur ce soiriste névropathe, malgré la trahison du traduttore Wilder, des effets lacrymatoires.

Je connais un autre littérateur aussi dé-
plorablement sensitif, c'est M. Francisque
Sarcey, dont le dernier feuilleton dominical
rappelait aux lecteurs du *Temps* que « nombre de braves gens — et lui tout le premier
— ne peuvent entendre sans pleurer : *Bientôt l'herbe des champs croîtra...* » Mais laissons ces critiques-Wallace.

Vous pensez bien que le bon Auguez, baryton faiblard, est un peu déprimé par notre
orchestre. Avec une pareille disposition des
instruments, l'équilibre des sonorités est forcément instable, à l'égal de celui du budget.
Puis trompettistes et trombonistes se jettent
sur leurs thèmes comme s'ils n'avaient pas
mangé depuis quinze jours. Fi! Et le *Feuer-
zauber* est si beau, exécuté comme il convient, n'en déplaise à ce titi académique de
Bellaigue, qui l'a bien osé comparer à l'in-
flammation laborieuse d'une allumette de la
Régie !

Que vous dirai-je encore? Les airs de ballet de Mlle Chaminade sont honorables. Le premier, *scherzettino*, sent trop le piano, le second rappelle *España*, de l'ami Chabrier, les danses hongroises et quelques chosettes encore; c'est le plus original des deux. Courage, Cécile ! Quant au concerto de Tschaïkowsky, il est ennuyeux, et ennuyeuse Mme Roger-Miclos qui le distille; je sais bien que, le sentant traîner en longueur, elle a, pour abréger, sauté une mesure; mais l'orchestre, non prévenu, a paru troublé. J'allais oublier Mme Brunet-Lafleur, toujours en beauté, qui a susurré *Rêves* — première version de certain passage de *Tristan*, au deuxième acte, *O sink hernieder, Nacht der Liebe...*

Malgré ces attractions, malgré le duo de *Béatrice et Bénédict*, accompagné pianissimo pour que Mme B.-L. pût se faire entendre, beaucoup de vides dans la salle et personne au promenoir.

Mais, à l'amphithéâtre du Châtelet, ma

chère petite amie a vu nos infidèles : d'Indy,
Kœchlin, de Bréville, Ernst, Serrurier... Le
bouffon de l'histoire, c'est que ces jeunes seigneurs se soupçonnaient réciproquement et
assidûment d'être « l'Ouvreuse! » Oui, la
seule, l'unique, votre servante, enfin ! Mais,
chers enfants, vous êtes donc atteints de la
folie des grandeurs? Même épilé, dear Poujaud, vous me remplaceriez difficilement;
vous, mon petit Ernst, tout infantile et vir-
ginal que vous êtes, je vous vois mal en
jupons; et vous, mamelu Bagès, permettez-
moi d'affirmer que mon corsage est plus élo-
quent encore que le vôtre. Serait-ce vous,
jeune Bordes, le chérubin du groupe, gentille frimousse que le rasoir ignore? A
d'autres! Ou Pierre, frère de Job? ou Coquard enfin, Coquard dont les *Fils de Jahel*
contiendront le *clou* de la prochaine saison
musicale? Certes, Arthur en bonnet rose serait irrésistible, mais, hélas!

> Le plus beau critique du *Monde*
> Ne peut donner que ce qu'il a.

Après avoir suffisamment Raffistolé la rasante symphonie de Joachim, *Dans la forêt* (applaudie comme elle est jouée, sans mesure, par le public abêti de ses concerts), Colonne, toujours majestueux et circulaire, a procédé à l'ouverture de *Tannhäuser*, son archet servant de couteau de boucher. L'autre jour, à la répétition de *Shylock*, d'Indy, qui est résolument du Midi, n'a-t-il pas insinué qu'en ce drame de Wagner la musique le gênait? Ce n'est pas une raison pour que le bass-tuba d'Édouard se livre à des sonorités aussi intempérantes; pour que le clarinettiste — à la splendide phrase cythéréenne — semble cracher dans son tube; pour que les cors me fassent tant souffrir (à moi, Galopeau!); pour que Colonne, centaure, mais non sans reproches, prenne le galop vers la fin et s'emballe...

Toujours délicieusement connaisseur, le public a couvert d'applaudissements une page (??) de *Siegfried* « qui aurait dû être intéressante », selon le mot adorable du grand Kœchlin. Il aurait fallu siffler. Du Wagner ainsi désossé, charcuté, tripatouillé, c'est le triomphe du coq-à-l'âne, de la femme sans tête et du mouton à cinq pattes! Fafner-Colonne tuera *Siegfried* au lieu d'être tué par lui. Mieux vaut encore le *Waldweben* chez mon patron, et pourtant!... Cette exécution au Grand Châtelet est un meurtre juridique. Mlle de Montalant en oiseau! Je l'entendrai souvent dans mes rêves! ce n'est pas un rossignol, c'est une volaille! Consolons-nous en remarquant que sa ravissante mélodie ornithologique est, au début, presque identique à celle de Woglinde dans la première scène du *Rheingold*. Le rythme des Walkyries y apparaît fugacement : *Nun weiss'ich ihm auch das herrlichste Weib*. Enfin, ce thème peut passer avec la plus grande facilité dans le

Schlummermotiv de Brunnhilde, celui-là qui, au même moment, se déroulait en vagues sonores dans mon Cirque adoré.

Pour finir, on a dépecé le *septuor* de Beethoven avec tous les instruments réglementaires de torture, cordes, bois de justice, sans préjudice du cor du délit. La conception, digne des singes ou des Yankees, qui consiste à transporter un pastel sur une toile de panorama, et à remplacer deux violons par trente, a été naturellement acclamée par le public de mollusques, vaguement anthropomorphes, qui s'étale sur les gradins du Châtelet.

15 décembre 1889.

X

L'*Influenza* sévit sur mon cirque; si les paradisiaques hauteurs des secondes (2 fr. celles de côté, mais 3 fr. celles de face) sont toujours peuplées de mélomanes indigénts et gobeurs, les places fashionables restent inoccupées. Et le fléau à la mode tourne sa rage contre nos instrumentistes eux-mêmes, qui ont paru lamentablement enrhumés; leurs instruments aussi. Ce manteau de vent, de froidure et de pluye, joli seulement en ballade, étouffe la bonne sonorité de l'orchestre.

La première au poste, convenablement
nantie de programmes et du « Guide des
motifs caractéristiques pour le *Wallenstein*
de M. Vincent d'Indy », je me demandais,
inquiète, si nos damoiseaux favoriseraient de
leur présence le promenoir. O joie! dès deux
heures moins le quart, voici venir Poujaud
le Noir, dont l'œil jette des flammes, deux de
Bréville (le troisième compte si peu!) Bagès
comme un jardin fleuri, saint Roch Ernst et
son compagnon fidèle Combes, Endrès sans
épithètes, le caustique Henry Kerval (Kunkelmann), compositeur de valses pour la maison (d'édition) Tellier, Tiersot plus long qu'un
concerto de Tschaïkowsky, Kœchlin plus long
que Tiersot, et tant d'autres, que mes yeux
éblouis se refuseraient à en essayer le dé-
nombrement. Je vous signale cependant, aux
loges, l'élégante lassitude de Robert Estienne
de Bonnières, et l'air noble quoique enFantin
du sympathique peintre Lerolle.

Mes jeunes amis venaient sans doute pour

Wallenstein, dont l'auteur se faisait festivaler à Angers, mais surtout pour la *Mort de Cléo- pâtre*, de mon cher Camille Benoît, une pre- mière audition chez nous. Ce fragment, que M. Besson déclarait « insipide et incolore » (mais le mastodonte de l'*Événement* ne souffre plus même la *Zaïre* de Véronge de la Nux), ce fragment est tout ce qui reste actuelle- ment de la partition consacrée par mon fauve ami aux malheurs de la souveraine qu'un usage immodéré de l'aspic (avis aux tarifées des restaurants de nuit) conduisit à une fin prématurée. Vous n'ignorez pas que notre musicien est aussi poète : « *Par la vertu des sons enchaînés il est Mage* »; quelque jour je livrerai à la publicité les strophes exquises, encore qu'allitérées, qu'il daigna m'adresser. Mais, dans *Cléopâtre*, il s'est contenté de prose rythmée, comme ont fait de nombreux musiciens, Massenet, Offenbach, Berlioz dans l'Élégie sur Robert Emmet, etc.

Puisque j'ai nommé Berlioz, je ne célerai

pas que le sujet de votre « scène dramatique »,
mon Camille, rappelle un peu — un peu trop
— celui de la scène des *Troyens*, où Didon,
extralucide, prévoit l'avenir avant de tré-
passer, Annibal son vengeur, puis le triomphe
dernier de Rome, enfin tout Duruy.

Passons à la musique. J'ai goûté le plus vif
plaisir à l'entendre, à la réentendre plutôt,
car, il y a quelques jours, j'avais reçu, galam-
ment nouée d'une faveur rose et enrichie
d'une dédicace... ah! Camille... l'œuvre
transcrite pour piano par Vincent d'Indy lui-
même. Je fis soudain gémir l'ivoire de mon
Pleyel, dernier souvenir d'une époque plus
heureuse, et, dès le début, je tressaillis
d'aise à reconnaître le *Rachewahn* de la *Götterdämmerung;* vers la fin, je me laissai ber-
cer par un doux écho du *Friedensmotiv* de
Siegfried; un petit rappel d'harmonies tris-
taniennes ne me fut pas désagréable non
plus. Mais pourquoi épingler toutes ces
réminiscences? Il se trouve dans la *Mort de*

Cléopâtre assez d'invention personnelle pour contenter les plus difficiles, sauf Besson, Zoïle obèse.

Elle est bien de Camille, la belle phrase désolée du violoncelle, si sobrement et si expressivement harmonisée (j'aime moins la courte progression harmonique sous le *si* répété des trompettes annonçant l'approche d'Octave). Je goûte fort l'inattendu accord de neuvième majeure qui s'affirme dans le sursaut d'amour et d'orgueil de Cléopâtre : *Je sens en moi d'immortelles ardeurs*. Il y a un grand effet réalisé dans l'andante : *Terre d'Égypte*. Le motif dont le développement commence par un court passage canonique à l'octave, entre les cordes et les instruments à vent, fait aussi une forte impression, encore qu'il soit d'un caractère quelque peu « déjà vu ». La partie la plus inspirée — — vraiment belle — est l'invocation, *Dieux des formes mystérieuses*, et si quelques mesures, vers la fin, m'ont fait penser à l'*Invo-*

cation à la nature de Berlioz, ce n'est pas une critique, mais une fière louange que je crois leur adresser. Quant à la dernière phrase, sur laquelle meurt Cléopâtre, elle est toute lumineuse, soutenue par de claires et sonores harmonies. Certain doctor allemand, déjà nommé dans une précédente lettre, n'a pu se tenir de grogner près de moi : *herrlich und klangvoll! tüchtig geschaffen, Herr Benoît!*

Nous avons eu grande joie au *Wallenstein*. Et, n'en déplaise à tous les Bellaigue du monde et des Deux-Mondes, c'est une œuvre colorée et puissante. Oh! il y aurait beaucoup à redire sur l'abracadabrante signification que l'auteur prête à ses thèmes, mais rien ne m'amuse comme le triomphe du tempérament sur les théories. D'Indy, qui trouve laides et antimusicales mille et mille trouvailles de Berlioz (quand il dit *Tue!* les autres crient *Assomme!*) a commis dans le *Camp de Wallenstein* un petit fugato courant du bas-

son au bass-tuba, assurément l'une des plus
laides choses, *artistiquement,* que l'on puisse
entendre. Et cela est ravissant de bouffonnerie! merveilleux de gaieté picaresque!
Quel bonheur d'écouter cette œuvre si jeune
et si vivante, grouillante avec le *Camp,*
tendre, passionnée avec *Max et Thécla,* héroïque, sublime avec la *Mort de Wallenstein.*
Là, le jeune maître a trouvé des sonorités
prodigieuses, d'harmonieux tonnerres dignes
des plus beaux éclats de Wagner. (Batterie
d'ailleurs trop forte, monsieur Lamoureux.)
Les deux thèmes essentiels sont magnifiques.
Lorsqu'on entend le premier, celui de l'influence des astres, avec son au-delà de mystère, sa couleur harmonique de plain-chant
funèbre, et que le motif de Wallenstein y
répond deux fois, comme voilé, à la clari-
nette-basse d'abord, au cor ensuite, on a —
tant pis, je lâche le mot! — on a la sensation
frissonnante des chefs-d'œuvre entrevus.

Je ne puis finir ces notes sans dire qu'une

forte blonde, Mme Fursch-Madi, a chanté les *Adieux de Didon* infiniment mieux que Mme B.-L., autrefois à l'Éden. Elle est cependant très loin encore du véritable accent. Ah! monsieur le Directeur, on n'est pas femme pour rien! J'ai pleuré de vraies larmes, dans mon coin, en écoutant cette page; cela, voyez-vous, c'est beau — mais beau à se mettre à genoux devant, surtout quand la voix, accompagnée par les altos, ramène le motif du duo d'amour.

Ah! j'oubliais! mon patron a bien conduit le *Vorspiel* de *Tristan*. Mais pourquoi n'observe-t-il jamais le *belebend* de la 38ᵉ mesure, et le *zurück-haltend* de la 44ᵉ? Pourquoi accélère-t-il au *ff* de la 62ᵉ? Il faut que cette inouïe progression reste lente, et que les gammes des violons ne soient pas escamotées. Et puis on n'entend jamais nettement le thème lorsqu'il reprend *fortissimo (sehr ausdrucksvoll)*. Quant au Vendredi-Saint de *Parsifal*, jouer cela sans paroles, avec la coupure du passage *O Weh!* c'est monstrueux, littéralement monstrueux!!! Juste punition, Dorel est resté aphone en finissant la grande phrase du hautbois, en *si* majeur.

Rien de bien particulier sur le dernier concert de Colonne, consacré aux œuvres du Norwégien regardé comme le *Grieg* du relèvement musical en Scandinavie. « Grand choix de Norwège » susurrait dans l'oreille d'une rieuse aux yeux noirs le nommé Willy, ce qui ne l'empêchait pas de déclarer, tout haut, que « ces pages sentent bon comme la brise des fiords ».

Grand voyageur, vous connaissez surtout le fiord du Mont-Valérien.

UNE OUVREUSE DU CIRQUE D'ÉTÉ.

P. S. — Pour cette fois, je ne signalerai pas, dans *Wallenstein*, l'abominable couac du trombone...

Télégramme de la Société nationale.

Grieg, Norwégien craintif, pas venu malgré promesse, influenzé par Colonne, s'opposant à l'exhibition de son compositeur sur autre estrade que celle Châtelet. — Krauss exquise, acclamée dans romances Grieg sur paroles allemandes, qu'elle prononce merveilleusement ; gens instruits ont pris cela pour du norwégien. — *Adagio* et *scherzo* d'Anselme Vinée pour quatuor à cordes, inénarrablement ennuyeux. — Délicieuse *Élégie* de Fauré, magnifiquement exécutée par violoncelliste Liégeois. — Musique grêle de Vidal, sur vers de Bouchor d'un mysticisme joliet : *Loin de toi je vais songeant, A tes pieds plus blancs que neige, Dans leurs fins souliers d'argent*, vulgairement chantée par Piroïa. — Six très petites *Pièces* de Vincent d'Indy, fort bien jouées par auteur, où se retrouve goguenardise à froid de wagnérien méridional, fertile en fumisteries ingénieuses, z. B.

le sermon du capucin de *Wallenstein*, le discours de maître Dietrich Leerschwulst dans
la *Cloche;* u. s. w. César Franck donnait le
bras à Krauss. — On a décoré Maurice Bouchor.

22 décembre 1889.

XI

Säkerhets Tändstickor! Du pays de Séra-
phita voici venir Edward, et j'ai couru entendre au Châtelet, pour mes étrennes, ce
dernier Grieg de la musique scandinave, car
mon patron montait *Relâche* avec un soin
qu'il devrait consacrer à reprendre la Symphonie avec chœurs. Colonne a exhibé l'artiste lui-même, un petit blondasse chevelu,
crasseux, falot, moins extraordinaire pourtant que sa « dame » installée au premier
rang du balcon et qui exhibait une croix
pectorale (contre l'influenza sans doute) de

première grandeur, somptueuse, épiscopale
et mystique au delà de toute expression. Je
croyais relire le *Rêve* de M. Zola.

Belle salle, d'ailleurs, où scintillaient ces
messieurs du promenoir, à qui *Carolus hæc
otia fecit,* comme dirait l'humaniste Benoît;
presque tous étaient là, d'Indy au sourire
amène, simple et affable malgré le succès
foudroyant obtenu la veille par ses *Pièces
pour piano* à la Nationale (de Bréville lui
tournait les pages avec une émotion atten-
tive de néophyte servant la messe aux Cata-
combes); à ses côtés, Bagès dit la Rose-de-
Saron, le grincheux Tiersot, Bellaigue encore
souffrant d'un *Adagio* de Vinée subi samedi
soir salle Pleyel, Georges Hüe, explorateur
qui visite des pays où la musique de *Rübezahl*
ne pénètre pas encore, Ernst dont un irrespectueux coryza empâtait les traits si purs,
Poujaud, baptisé désormais le Prince-Noir
(ou le Prince-sans-rire); et, dominant de sa
face épanouie les flaccidités des vieux abon-

nés épandus sur les fauteuils, Fernand ! ce qui démontre une fois de plus la véracité du proverbe : « Dans le royaume des aveugles, les Le Borne sont rois. »

Je m'en voudrais d'oublier l'immense Lazzari — telle une dixième majeure — compositeur délicat, aux goûts classiques, un peu pessimiste quand il juge ses jeunes confrères ; abandonne peu à peu ses redingotes à sous-pieds d'autrefois, auprès desquelles celles de Déroulède semblaient des *smoking-jackett*. Représentant à Paris du Wagnerverein (cotisation annuelle, 5 fr.).

L'ouverture de *Coriolan*, cette incomparable merveille, n'a pas marché sans quelques accrocs ; non plus que les fragments de la *Symphonie inachevée* de Schubert, dont le premier surtout est remarquable. Quant à la *Danse macabre*, la roublardise m'en plaît (oh ! ces notes pincées par la harpe et soutenues par le cor, au début !) Colonne agitait des bras de langouste épileptique : il l'a menée d'un train ! *zig et zig et zag !...* mais d'un train à croire qu'il avait au derrière le féroce Henri Deloncle, surnommé « le Texte », qu'il essaya vainement jadis d'amadouer par l'offre d'une première loge, sans réussir à lui faire quitter les hauteurs d'où il projetait dans la salle des lazzi à la panclastite. En cette chorégraphie mortuaire, Rémy s'est médiocrement distingué. Au *bis*, surtout, il a grincé le thème aussi faux qu'on peut le souhaiter.

Revenons à Grieg ! Sa musique n'est décidément pas drôle ; détestable son *Bergliot* (sujet puisé par Bjœrson dans une « Saga » de Harold Haardrade, comme chacun sait) et son incohérent *concerto* pianoté par un professeur au nom horticultural[1] — qui aurait pu, sans soulever de protestations, se faire remplacer comme la veille, rue Rochechouart, par Diémer. *Peer Gynt* vaut beaucoup mieux,

[1] Nous croyons savoir qu'il s'agit ici de M. de Greef. *(Note de l'Éditeur.)*

surtout la danse de cette jolie coquine d'Anitra, qui vole Peer, suivant le conseil de l'Apôtre : « Il faut dépouiller le vieil homme. » Armand Gouzien, adipeux et paterne, écoutait avec des dodelinements de tête et des gloussements de Tétrarque émoustillé ce petit morceau d'une grâce serpentine, où les altos répondent aux premiers violons, tandis que les seconds violons accompagnent *pizzicato*, et qu'une phrase de violoncelle ronronne par là-dessous, suffisamment languide. C'est adroit, et si Grieg n'est pas un maître, Dieu non ! comme le proclament certains gobeurs, c'est du moins un petit-maître.

Puisque l'année commence, formons des vœux ; c'est moins cher que d'envoyer des marrons glacés. Souhaitons aux chefs d'orchestre de tourner moins délibérément aux montreurs d'ours, d'afficher des instincts moins israélites, et de bafouiller plus rarement dans l'exécution du Wagner ; aux musiciens, de faire moins de bruit et de trouver plus de motifs ; aux critiques, d'être moins ignares... Et je reviens à mon patron ; il a joué l'autre jour la musique des élèves de Franck, — c'est bien. Daignerait-il maintenant faire cesser un scandale qui n'a pas de nom, et se rappeler que Franck lui-même existe ?

29 décembre 1889,

XII

Monsieur le Directeur,

Les vacances me portent à la mélancolie.
Nos concerts me manquent. Le moustachu
van Waefelghem laisse reposer son alto ;
le violon de Houfflack se tait ; des araignées
tissent leur toile dans le tuba du bon Joseph.
Et je n'ai même plus de Châtelet pour dis-
traire mes ennuis ! Par bonheur, ma petite
camarade est venue me relancer chez moi :
entre deux tasses de thé, nous échangeons
nos souvenirs.

Souvenirs de l'Éden-Théâtre et du Château-d'Eau, souvenirs des temps héroïques où l'habitude du succès n'avait pas encore achevé de corrompre les ultimes moelles des chefs d'orchestre ! Que de figures aperçues jadis, et, jusqu'à la saison dernière, que je cherche en vain maintenant au promenoir de mon Cirque !

Voici Gedalge, compositeur bénin et crampon, dont on joua quelques vagues mélodies au Théâtre-Libre et qui se fit expulser certain jour du Château-d'Eau pour avoir protesté contre les mouvements adoptés par mon patron dans la Symphonie en *la*. Voici Husson, autre musicien, aux athlétiques carrures, infernalement pavé de bonnes intentions. Et des littérateurs : Stéphane Mallarmé, poète abscons, institué mage, total, aux multitudes animalement processionnantes derrière. A la ville, professeur d'anglais, apprit d'ailleurs cette langue en la longue fréquentation des élèves à qui il était censé l'enseigner, certes ! Ce pauvre Villiers de l'Isle-Adam, esprit altier, cœur large, noblement isolé par ses ferveurs comme par ses ironies... Je le vois encore, si M. Rodolphe Darzens veut bien me permettre de parler de lui, je le vois encore avec son œil bleuâtre, si profond, ses cheveux argentés déjà, lorsqu'il écoutait, à l'Éden, dans quelque coin obscur du promenoir, une symphonie de Beethoven ou une page de Wagner. Teodor de Wyzewa, alors caudataire de Mallarmé, rédigeait la critique des livres à la *Revue indépendante*, où ce petit Sarcey de la décadence démolissait Leconte de Lisle et exaltait Henry de Pène. Ce Slave insinuant s'est guindé jusqu'à la *Revue des Deux-Mondes,* où il est en passe de devenir le Bellaigue des Primitifs allemands.

Il travaille, il publie et ne mériterait plus aujourd'hui ce surnom d'oblomoviste [1] montmartrais qui le chagrine si fort.

[1] Oblomov, personnage versatile et sans volonté du roman de Gontcharov, publié en 1858-59 dans

Voici Édouard Dujardin, dit *la Vierge du Roc ardent*, en qui fleurit certain jour un traducteur du *Rheingold*, traducteur mort jeune, à l'approche d'un huissier dont le menaça le peu libéral Wilder : « Poigne la fluente, humide glisse, maudite mouille, lèche-marche ! » Telles furent ses dernières paroles. Pourtant je n'oublierai pas tes costumes, ineffable Édouard, tes gilets de velours parfois azurés, plus souvent rouge-cerise, et gemmés de boutons d'or ; ce pantalon gris-perle, à pont, que, lors de la première de la

les *Annales de la Patrie* et dont le premier tome fut traduit en français par de vagues Charles Deulines à une époque où le vicomte en Melchior n'avait pas encore introduit la vogue des romans russes. A la dernière page de ce tome I, le sympathique quand même Oblomov, qui s'était réveillé à la première, se décide enfin à sortir du lit. Dans sa matinée, de successifs visiteurs, ses amis, lui ont imposé une demi-douzaine de plans de vie ou, au moins, de journée. Mais il faudrait qu'il fût levé.

Seconde partie non traduite : une Olga lui donne du montant.   *(Note de l'Éditeur.)*

Walküre, lorgnait le Tout-Bruxelles, attentif non plus que ce complet, comment dire cela, monsieur le Directeur ? inconvenance d'oie, si vous voulez, qui horrifia M. Charles Lamoureux à l'unique représentation de *Lohengrin*...

Qui mentionnerai-je encore parmi les absents, ou plutôt les intermittents ? Alphonse Benoît, mussé à Reyssouze, par Pont-de-Vaux (Ain). Élève de Franck, il fuit Paris et goûte en sybarite les douceurs de la vie rurale. Parfois, aux longs soirs d'hiver, pour charmer les loisirs de la veillée, il jette négligemment sur le papier une fugue à trois sujets, ou l'un de ces canons *à l'écrevisse* où se complurent les contrapuntistes du vieux temps. Mais son cœur est resté parmi nous, auprès de sa Gabrielle chérie, de sa Krauss adorée ! Reviens donner le signal des bravos, jeune enthousiaste, après l'inévitable *Roi des Aulnes*, ou, comme tu fis en un jour d'éréthisme artistique, t'élancer, ivre d'enthousiasme, pareil au génie de la Bastille, mais combien plus moderne ! sur le marchepied du sapin que remplissait ton ange.

Je ne puis oublier le trio furieusement barbu des Bonnier ; l'un est médecin, le second conchyliologue, le troisième archiviste-paléographe — c'est le plus dangereux. Jadis habitués des Concerts, les trois frères ont juré de n'y plus reparaître depuis qu'on y joue tant de Wagner. Pour eux, toute exécution est profanation. Le n° 3 n'est pas un wagnérien exagéré, ni même le plus wagnérien de tous les wagnériens : c'est LE WAGNÉRIEN ; Wagner lui appartient, et malheur à qui ose se risquer dans le domaine que s'est réservé cet inquiétant paléographe. Pour lui, Colonne et Lamoureux sont de grands coupables ; les élèves de Franck, des criminels ; Hans de Wollzogen a étudié sans doute les motifs, mais sans sortir du « courant inférieur de signification » ; St. Chamberlain connaît bien certaines choses, mais

il s'attache trop à « la matérialité des faits ».
Il n'y a guère, à l'en croire, que Mme Wagner ; « encore n'y comprend-elle rien »,com-
me toutes les femmes, *cosima fan tutte*. D'ailleurs, il divise les wagnériens en trois classes ; les « Idiots », *id est* Adolphe Jullien,
Wilder, tous ou peu s'en faut ; les « Sympathiques », réduits à Fourcaud, Ernst et Camille Benoît ; les « Vrais », qui sont Un. Or,
si on lui ajoute son cofanatique Pierre, ils
composent à eux deux un wagnérien fort
érudit, qui a fini par savoir l'allemand et la
musique, et qui, sur plus d'un point, en re-
montrerait à nos critiques en place, je dis
aux plus compétents. Ces deux socialistes
— ils sont socialistes ! — ont le mérite ca-
pital de ne parler que de ce qu'ils connais-
sent. Des originaux ! vous dis-je.

5 janvier 1890.

XIII

C'est ma chère petite camarade du Châtelet, monsieur le Directeur, qui est le véritable auteur de la présente, car, personnel-
lement, je n'ai pas grand'chose à vous dire.
Pas gai, le Cirque, avec cette abominable
ouverture du *Ruy-Blas* pour lequel mon patron a les yeux de la reine d'Espagne, dans
le drame Victor-hugrotesque. En cette ina-
vouable production, l'une des plus bêtes de
Mendelssohn — aussi Bartholdi ce jour-là
que le pénible sculpteur de ce nom — les
motifs des cordes sont d'une exaspérante

niaiserie, que les cuivres, pourtant énergiques, ne couvrent pas complètement ; je vous
signale surtout une entrée de violoncelle à
faire aboyer un chien de porcelaine. Et
pourtant, Charles fait à ce professeur à
lunettes de Mendelssohn une cour aussi pos-
thume qu'inutile. Ah ! monsieur Lamoureux,
pourquoi partager sur ce piétiste odieux les
idées enthousiastes de Bellaigue ! n'était-ce
pas assez d'emprunter à ce littérateur élégant les opinions impertinentes qu'il professe
sur mon pauvre César Franck !

En ce moment, Édouard distance Charles
de vingt longueurs sur le turf wagnérien.
Trop roublard pour ne pas profiter de l'occasion, Colonne laisse Lamoureux enlisé dans
les œuvres complètes de Mendelssohn et s'é-
crie : « A moi, *Siegfried* et *Rheingold* ! » Il dit,
accapare Engel et Auguez, place de petits
programmes sur les fauteuils d'orchestre.
Qu'importent les hideurs de son exécution ?
L'effet moral n'en est pas moins produit,

l'attitude prise, l'élan donné. On m'a dit qu'autrefois le patron passait pour un oseur : aujourd'hui encore, il est bien au-dessus d'Édouard comme chef d'orchestre ; mais son audace a sombré sous les sifflets payés des ligueulards patriotes massés devant l'Éden le soir de la première de *Lohengrin*. Et Colonne va de l'avant. Nous ne sommes pas au bout de nos surprises !

Était-ce remords ? inquiétude ? Mais M. Lamoureux n'a pas conduit avec l'impeccabilité qu'on admirait jadis la *Fantastique*, dont le premier morceau, avec ses abracadabrances harmoniques, semblait horripiler le jeune Basque Bordes qui, pourtant, est encore « à l'âge heureux où sans effort on l'aime », comme on chante dans *Armide* ou ailleurs. Dans la « Scène de bal » il a fait partir un hautbois une mesure trop tôt. Et dans la *Chevauchée*, horreur ! deux trombones impatients n'ont pu attendre leur tour pour mugir. Gedalge en a pâli, Gedalge, le doux

raseur, qui vient de finir un opéra-comique
« pour se donner de la légèreté », à ce qu'il
assure ; d'Indy a frissonné — il trônait dans
une loge, dédaigneux de notre promenoir !
— Leroux et sa femme ont souri en regar-
dant Diémer, Pfeiffer a tourmenté sa barbe
sombre et le fossile Dancla n'a rien entendu.
Je pourrais signaler encore que les cloches
du *Dies iræ* s'accordent aussi mal que les
participes passés dans les lettres de Mlle Tessandier. Parlons plutôt du Châtelet.

Là, belle salle : insoucieux de la haine de
mon patron qui ne lui pardonnera jamais de
s'être fait (à Aix) festivaler par Édouard,
Lalo écoutait la gracieuse sérénade de *Na-
mouna*, au deuxième rang du balcon.
L'affreux Joncières se signalait à l'admiration des foules par une extraordinaire cravate bleu de Prusse. (Qu'est devenu ce patriotisme jaloux, si prompt à s'effaroucher
jadis quand on parlait de jouer Wagner ?) Il
buvait du lait, tandis qu'on débitait l'an-

dante de sa *Symphonie romantique*, interminable macaroni musical (!) que les plus ro-
bustes estomacs rejettent avec dégoût, ce
pauvre Victorin, ce Ludger plutôt.

Car il s'appelle Ludger Rossignol ; mais,
comprenant que, signées de ce nom gazouil-
leur, ses inspirations falotes feraient rire, il
s'affubla du pseudonyme de Victorin Joncières. Comme Wilder, il fut autrefois modérément enthousiaste de Wagner ; actuelle-
ment, pourvu qu'il ne soit pas question de
représenter *Lohengrin*, il brûle sur l'autel
de Bayreuth, en ses ardeurs|de néophyte si-
cambre, tout ce qu'il adora jadis, y compris
l'*Enfance du Christ* « dont la trame est
pauvre », assure-t-il.

Cet essoufflé qui morigène Berlioz com-
mit deux actes qu'il parvint à faire gaillar-
dement reconduire par le public de l'Opéra,
pourtant d'une indulgence comateuse. *La
Reine Berthe* — dont le livret évoque les
temps reculés « où la Gaule, pays humide et

paludéen, était plus propre aux ébats des canards sauvages qu'au jeu régulier de nos libres institutions » (Augustin Thierry), — *la Reine Berthe* ne tarda pas à filer, et la musique donne assez bien l'idée d'une époque rocailleuse où la loi du plus Faure était trop souvent la meilleure.

Joncières signe Jennius les informations théâtrales de la *Liberté*, rédigées avec cet insouci de la forme qui lui ont valu, chez les bons esprits, le surnom de Jennius l'ouvrière. Bêcheur assidu, il se soulage en critiques sans pitié, les soirs de première, des courtoisies gourmées auxquelles son feuilleton doit s'astreindre. Il faut pourtant savoir lui reconnaître certaine indépendance, méritoire en ces temps de veules camaraderies ; on l'a vu tenir tête, courageusement, à l'unanimité de ses confrères en critique, et défendre contre eux, au besoin, telle œuvre qu'ils s'accordaient à juger détestable, par exemple le *Chevalier Jean*.

Dans la salle, bon nombre de têtes connues: je nommerai Willy, facétieux et décoratif; puis Kœchlin aux cheveux fugitifs,
moulé dans un superbe pantalon à carreaux
bleus et noirs, puis Ernst épanoui, puis Servières renfrogné, puis Halays, — encore un
qui opère aux *Débats* — puis Tiersot, que
j'aime depuis qu'il est attaqué par ce pachy-
derme mal élevé dont les excrétions musicales emplissent les bas-fonds du *Temps*. A
l'extrême droite des fauteuils de balcon, Massiac aux cheveux plats (c'est sa seule res-
semblance avec Napoléon) prend des notes
sur cette musique « touffue, aux extraordinaires combinaisons ». Le fait est que, pour
rester 136 mesures seulement dans le même
ton, il faut être un modulant « extraordinaire ». J'aime mieux encore l'esthète qui
parle dans la *Bataille* d' « œuvre confuse
d'harmonie imitative ». Mais laissons ces
seigneurs.

Un pianisticule de seize ans, joli à croquer,

répondant au nom macabre de Delafosse, est
venu jouer l'admirable *Concertstück* de Weber.
Musique chevaleresque, plus jeune, après
soixante années, que notre aimable jouvenceau lui-même ! Et pourtant, tout adolescent qu'il paraisse, le doux et fin Charles
Bordes aurait l'air un peu marqué à côté de
cet éphèbe à la chevelure ondoyante ;

                                [ches,
Une espèce d'enfant, au teint rose, aux mains blan-
Que nos wagnériens dont l'ulster bat les hanches
Prirent pour une fille habillée en garçon...

Arrivons à *Rheingold*. Comment en un
plomb vil cet or s'est-il changé ? Voyons,
Édouard, je ne vous veux pas tant de mal
que ça. Mais, pour l'amour de Cantié, soi-
gnez vos instruments à vent. C'est cacopho-
nique parfois, confus presque toujours ; rien
ne sort, les couacs abondent. Déjà vous avez
fait souffrir ma petite camarade dans l'andante de la *Symphonie en* ut *mineur* : vos
violoncelles, aux variations, ne s'entendaient

guère; le beau thème féminin a été mal dit par vos bois. J'ajouterai que vos timbales sonnent trop dur. Je sais bien que votre public de calicots échauffés n'est pas très difficile, et que, pour peu que vous ameniez vos instrumentistes à frapper le dernier accord bien ensemble — ce à quoi vous excellez positivement — les galeries se livrent aux transports de l'admiration la plus désordonnée. Mais les exubérances de ces enthousiasmes jobards devraient-elles vous suffire?

Pour préciser, il faut que je note la faiblesse des bassons, et — *similia similibus* — les hésitations vocales du bon Auguez, toujours bénisseur, même en Alberich; ensuite nous dirons l'exécution approximative des traits de violon, l'incertitude des cors, même lorsqu'ils donnent ensemble; le ratage de la phrase libidineusement sentimentale (pendant la poursuite) qui précède le retour en *mi bémol* de la mélodie de Woglinde: et puis les mouvements à la six-quatre-deux, les crescendos escamotés... Cette grande brune de Montalant ressemble moins à une *Rheintochter* qu'à un bateau sous-marin. Du *mi* au *la* au-dessus des lignes, la justesse de ses notes élevées laisse un peu à désirer, mais elle paraît convaincue; c'est quelque chose. (Te rappelles-tu, Berthe, nos bonnes parties de rire chez la fleuriste du passage Chausson?) Mlle Delorn est une Welgunde assez grêle, douée d'une jolie petite voix blanche, habillée d'une jolie petite robe rose; Mlle de Clercq, blonde, appétissante, fredonne d'une assez agréable manière. Pendant le prélude, aux galeries supérieures (?) quelques idiots ont fait du bruit. La faute en est aux cors dont les bafouillages pâteux « ont failli mettre le public en gaieté », selon l'expression centre gauche et modérée du *Debatter* Kœchlin.

12 janvier 1890.

SOCIÉTÉ NATIONALE

Notes télégraphiques. — Bon quatuor de Vincent ; n'ajoutera rien à sa réputation, joli tout de même ; surtout le finale qu'on ne saurait qualifier d'Indyfférent. — Pas trouvé capiteuses les mélodies de Marty, ton élève ! ô Massenet ! — Succès pour de Bréville dont *Hymne à Vénus* (hé ! hé ! Pierre !) dans un mode on ne peut plus phrygien, mais nullement rephrygiérant, fut chanté par deux demoiselles assez en voix. — Morceau de résistance, le quintette de Castillon, œuvre de jeunesse, plus riche d'idées et de style que les œuvres très vieilles de moult jeunes.

XIV

Monsieur le Directeur,

Non, je ne peux plus, je ne peux plus;
Dieu m'est témoin que j'ai toujours fait l'impossible pour prendre seule contre presque
tous la défense du Patron. Sa brusquerie, je
l'appelais passion artistique ; quand il s'obs-
tinait à nous emmendelssohner, laissant l'Or
du Rhin étinceler dans la maison qui est au
coin du quai de la Mégisserie, je me rejetais
sur la précision et la sûreté de ce capellmeister « rallié ». Mais après son sabotage de

l'ouverture d'*Egmont*, j'y renonce, je ne peux plus!

Ainsi rugissait, loin des oreilles chatouilleuses de Lamoureux, « un qui veut se détacher » (comme disait le prédécesseur de Boulanger à Jersey), un ex-fervent dont les exaspérations m'ont amusée et que je ne nommerai point, moi qu'on accuse d'indiscrétion.

Il est un peu vrai que cet infortuné *Egmont* a trouvé un second duc d'Albe dans le patron qui, d'un geste circulaire et mou, battait la mesure comme une mayonnaise. Aussi les traits bavochaient, les attaques des violons effrangées me couvraient de honte, et je froissais mes programmes, fiévreusement, en écoutant nasiller ce grêle et piteux hautbois... Pauvre Aderer, vous qui étiez venu faire connaissance avec la musique destinée à « soutenir » votre crépusculaire adaptation d'*Egmont* — la Gœthedämmerung — ne vous imaginez pas l'avoir entendue;

c'est sa caricature que l'on vous a servie, et Porel lui-même pourrait vous apprendre que l'orchestre a raté, mais là complètement, l'explosion finale en *fa* majeur. Car il était là, Porel, mélomane avantageux, mais parfouru cependant de distinguer un *fa* dièse d'un *sol* bémol, sur le piano [1].

Beaucoup mieux exécutée la *Rapsodie cambodgienne* — résultat inattendu de l'expansion coloniale dans l'Extrême-Orient — qu'écoutaient avec recueillement trois Cambodgiens (dont une Cambodgienne) déguisés à la française, et Tiersot qui n'aime plus que les mélodies populaires de l'autre hémisphère. Elle m'a semblé très réussie, avec ses rythmes intéressants, l'ingénieux groupement de ses sonorités, et la remarquable entente des timbres, cette originale fantaisie indo-chinoise — parfois un peu enflée, peut-être, en

[1] Nous nous empressons de proclamer que, depuis que cette lettre a été écrite, M. Lamoureux s'est ressaisi... et que les exécutions d'*Egmont* à l'Odéon n'ont rien laissé à désirer. (*Note de l'Éditeur.*)

ce qui concerne l'instrumentation — où le premier thème de l'*allegro* est d'un pittoresque bien amusant. Jane m'a signalé d'un air ravi le dernier accord, non pas un de ces vulgaires accords parfaits — comme on n'en voit plus qu'à la Chambre — aujourd'hui démodés, mais un délicieux accord dissonant de septième dominante qui prouve que les compositeurs cambodgiens étudient les *Mélodies populaires de la Grèce* avec fruit. J'imagine que jeudi, à 4 heures pour le quart, les gens du monde qui se pressent au Conservatoire (les élèves n'y vont jamais) pour écouter la parole familière, parfois éloquente à force de conviction, de Bourgault-Ducoudray, ne ménageront pas les applaudissements à leur brave professeur d'Histoire de la musique.

J'avoue ne pas béer d'admiration devant *la Fantastique*. Certes, il a fallu un toupet gigantesque, une impudence géniale, pour lancer ce pétard colossal en des jours où régnait Boïeldieu. Je l'accorde, cette *Sym-*

phonie déconcertante sue le génie de la première à la dernière note, même dans les plus exécrables passages. Mais que de longueurs douloureuses, que d'énormes vulgarités, que d'harmonies désagréables, laides, irritantes! Que de raseries romantiques! Quelle salade de bals, de prairies, d'échafauds, de sorcières! Cela serait intolérable sans les trouvailles, l'éclat furieux de la *Marche au supplice*, les facéties goyatesques du sabbat, et huit mesures par-ci, et seize mesure par-là, et un frémissement d'alto, une plainte de hautbois, une note de cor, le je ne sais quoi enfin que Berlioz a toujours eu. Je concède aussi que l'idée de faire traverser toute l'œuvre au *leitmotiv* de la personne aimée est une de ces conceptions neuves et fécondes, réservées aux seuls artistes de grande race, aux maîtres. Reconnaissons pourtant que notre cher patron, dans l'œuvre de Berlioz, pouvait singulièrement mieux choisir! Reconnaissons aussi qu'il pourrait jouer moins vite la scène du Bal, sans cette sécheresse qui fait songer au piano de Diémer.

Aurais-je oublié d'allumer ma lanterne? Il faut dire bien vite, pour la gouverne de mes galants lecteurs, que j'ai reçu une lettre d'un de ces messieurs du promenoir. Il dit n'avoir pour but que « la gloire du Patron »… Ah! je te reconnais là, néfaste influence d'Alfred, toujours « sympathique », et go-beur comme pas un, éperdu de bonne vo-lonté, ruisselant de confiance, plus naïf, plus candide mille fois que la plus naïve d'entre nous! Félicitez-vous, tous, de l'*Enchantement du Vendredi-Saint* — sans paroles!!! Le dieu des Wagnériens lâchera sur vous les Bonnier de sa colère, car oncques ne vis plus cynique attentat contre une alme, une inclyte parti-tion! Félicitez-vous, Paul [1], Alfred [2], Emma-nuel [3] aussi sans doute, et Camille [4] avec,

[1] M. Poujaud. (*Note de l'Éditeur.*)
[2] M. Ernst. (*Note de l'Éditeur.*)
[3] M. Chabrier. (*Note de l'Éditeur.*)
[4] M. Benoît. (*Note de l'Éditeur.*)

n'est-ce pas? du premier acte de *Tristan,*
cette sublime œuvre dramatique, laquelle,
au concert (ce n'est d'ailleurs pas la faute du
patron) est bien la chose la plus rasante qui
soit.

Mais puisque vous avez la foi solide, tâ-
chez aussi d'avoir le bras long : unissez vos
efforts, beaux jeunes gens, pour décider
notre seigneur et maître à convoquer au
plus vite Mme Materna, et à nous donner *la
Mort d'Isolde* ou la dernière scène du *Crépuscule des Dieux.* Je serai la première à m'en
réjouir, et crierai, plus fort encore que l'autre
jour : « A la bonne heure ! »

NOUVELLES DU CHATELET: Outre une sauvage exécution de *Rheingold,* ma petite camarade a écouté avec joie deux morceaux
de Bach. Édouard, cédant aux lamentations
de G. Remy, a mis au programme une jolie
Gavotte du vieux Sébastien, et la magnifique
Sarabande, si mélodique, si expressive! Notre

Guillaume s'est distingué, à la satisfaction générale. On m'apporte quelques noms d'auditeurs, Coquard, Lazzari, Bonheur, Diémer, Georges Hüe, le peintre Azambre [1], qui prépare de la *Musique de chambre* pour le Salon et vient chercher dans le public des têtes d'expression!

[1] Élève de MM. Bouguereau et T. Robert-Fleury.
(*Note de l'Éditeur.*)

19 janvier 1890.

XV

Belle, très belle exécution : M. Lamoureux a joué la symphonie en *ut mineur* du cher Ludwig ainsi qu'aux plus beaux jours. Grand et légitime succès.

Agacées par la température énervante, les chanterelles claquaient l'une après l'autre, si bien que le prélude de *Lohengrin* s'est terminé par un solo de violon, effet que Wagner n'avait pas prévu et dont le patron semblait modérément réjoui.

Peu de têtes connues ; aux fauteuils Georges Hüe, somnolent, à ce qu'il m'a semblé ;

le beau Marsick, aux cheveux éperdus ; Hermann, autre violoniste moins beau ; bébé Pierné et son menin Leduc. Leroux exhibait au parquet sa belle tête de prix de Rome. Et, seuls au promenoir, Tiersot mélancolique, et Willy, goguenard, Willy dont la boutonnière était chargée d'une rosette polychrome, grosse comme une bouée, qui sied merveilleusement à son genre de beauté.

N'oublions pas Lascoux, le plus charmant des juges d'instruction quand il ne parle pas musique — malheureusement il ne parle jamais d'autre chose — qui détient un lot formidable de : *Notes pour servir à l'histoire de Richard Wagner*, où revient périodiquement cette phrase qu'il répète avec amour : « Et ce génie, alors, m'invita à déjeuner. »

En somme, ils sont un tantinet monotones, nos concerts, et me laissent le loisir de rêver à mon aise — surtout pendant l'ouverture de *Ruy Blas*, comme l'insinue Jane — tout en offrant des programmes à nos sveltes jeunes

gens. Et toujours ma songerie se reporte
vers nos gloires disparues, vers ces visiteurs
charmants, trop avares de leur présence ;
où est le petit père Fauré, exquis orfèvre de
mélodies précieuses (un de ceux qui nous
consolent du Godard)?... Je me souviens
toujours de certain soir où mon gracieux
ami Bagès chanta le *Cimetière* de ce musicien
discret et profond, avec une voix ravisante
et dans un sentiment très juste — et d'un
autre soir où il détailla le *Clair de lune*, du
même, de façon à en faire valoir toute la
douceur mélodique, si bien congruente aux
vers délicieux de Paul Verlaine !

Où es-tu, toi, Henri Deloncle, au faciès
napoléonien, plus érudit que Camille Benoît
lui-même, plus fumiste encore que Poujaud,
plus fertile en calembours que Willy ? Ex-
ploites-tu des mines de flanelle irrétrécis-
sable aux rives de la Plata, ou ponds-tu des
Premiers-Paris dans les journaux, ou des articles anglais — *all right !* — au *Galignani's*

Messenger ? Tour à tour chartiste, voyageur en patriotisme, providence des sociétés de tir, manteau bleu des gymnastes, perforateur de tunnels en Norwège, rimeur de drames moyen âge, d'opéras nègres, de comédies interplanétaires, où es-tu maintenant ? De temps en temps, tu apparais sur le boulevard, et aussitôt tu rentres dans le mystère. Où sont-elles, les joyeuses années où tu confondis Paul Meyer, à l'École des Chartes, sur une question dont tu ne savais pas le premier mot ? Et celles où tu étais l'astre de *la Nouvelle Gaule* (au grand dam de l'antiseptique Charles de Larivière), et la gloire des *Hydropathes*, en d'épiques séances, que Goudeau terminait périodiquement par ces paroles : « Voici minuit, l'heure des crimes ; c'est l'instant de nous y rendre... ! » Où cette pièce inouïe que tu composas sur les *Nibelungen ?* Attila y évoquait un élève de l'École normale en son bocal d'esprit-de-vin, et prévoyait, dans un esclaffement, les rimes du vicomte Henri de Bornier?... Qui dira les grandes batailles chez Pasdeloup et Colonne, quand tu rugissais l'hosannah wagnérien, quand tu conspuais les chanteurs irrespectueux du texte et les chefs d'orchestre délictueux, et foudroyais du regard les cipaux médusés?... ces heures où tu traitais d'eunuques d'honnêtes pères de famille, coupables seulement d'avoir sifflé le *Walkürenritt*, et dardais des flèches de papier sur les abonnés des fauteuils ? Hélas! combien de petits jeunes gens aujourd'hui se posent en régents des concerts, en rois des galeries, en gardes du corps de Wagner, qui ont attendu le succès pour opérer, et qui n'eurent ni ton audace, ni ta verve, ni ton esprit !

Pourquoi ne vous entretiendrais-je pas de Jacques Blanche, peintre rempli d'astuce, moins original peut-être que roublard en sa naïveté pseudo-primitive et ses imitations de Boldini, et qui se dissimule à peine, lorsqu'il saisit la plume du conteur, sous le pseudonyme transparent de James White? Je préfère vous nommer Gaupillat, violoniste tenace; si vous l'interrogez sur la *Götterdämmerung*, il vous répondra infailliblement : « Ah! il y a là dedans un trait de violon rudement difficile! » Mentionnons Jacques Froissard : il descend en droite ligne d'un chroniqueur assez connu, et goûte volontiers Wagner, mais aime mieux *les Huguenots*, qui l'empoignent, dit-il. Cette opinion, des musiciens mêmes la partagent, depuis Eymieu qui proclame l'auteur du *Crociato* « le grand et seul compositeur de musique scénique », jusqu'à Bellaigue qui se déclarait, en 1886, prêt à donner tout l'œuvre de Wagner pour le cinquième acte des *Huguenots*.

Tandis que sonne la rapsodie cambodgienne, ou que les cuivres clament la marche funèbre pour la mort de Siegfried, *die « Eroica » des herrlichsten Helden der Welt* (bien joué, patron!) je vais éplucher un peu les monstres de l'espèce musicale, les critiques. Ah!... encore une remarque; ô patron bien-aimé, pourquoi, après le *Trauer-marsch*, après *Siegfried-Idyll*, pourquoi nous servir cette odieuse ouverture de *Rienzi*, que la première phrase, toute belle qu'elle soit, ne peut défendre contre notre légitime abomination?

Les critiques — ah! monsieur le Directeur — quelle engeance malfaisante et grotesque! Je laisse de côté les critiques wagnériens, bien qu'ils soient aussi bêtes — sinon plus — que leurs confrères antiwagnériens; mais les lois de la tactique m'interdisent de tirer sur nos troupes... Pourtant, je ne puis taire le bénin Amédée Boutarel, qui écrivait dernièrement dans le *Ménestrel* : « On écoute M. Faure avec une admiration mêlée d'étonnement, car il plane dans une sphère à part, en dehors de tout point de comparaison... »

Une de mes joies, c'est le nommé Barbedette, sénateur du *Ménestrel*, critique de la Charente-Intérieure (pardon, j'intervertis l'ordre des facteurs!... il est vrai que ce triste produit ne change pas). Je dois à ce daim furieux les plus gais moments de ma vie. Loin de moi cependant la pensée d'égrener ici les perles qu'il dépose le long de nos concerts! D'ailleurs, depuis deux ou trois ans, ses attaques mollissent, il faiblit à vue d'œil... A peine un éclair de bouffonnerie reluit de ci, de là, comme au jour récent où il trouva que le prélude de *Tristan* « inspire le renoncement aux choses profanes et une pieuse somnolence.» (*Ménestrel* du 29 décembre 1889.)

Comettant (Jean-Pierre-Oscar), aussi niais que Barbedette, est plus dangereux — ou du moins l'a été. Ce Bordelais qui aime les postillons, pas seulement à Longjumeau, auteur de l'*Alboni, valse vocalisée à deux chœurs* (!!!) a voué au sieur Wagner — en dépit de son apparence paterne de Franklin conciliant et gâteux — une haine d'un comique violent. Wagner le gênait, il l'a

pourfendu. Pour lui, l'amour de Tristan et
d'Iseult est celui de « deux chats » miaulant
sur une gouttière. Il faut l'entendre conter
l'histoire de Wotan, venant sur terre « rigo-
ler avec les mortelles ». Cette littérature de
Jocrisse avantageux, ces comparaisons de
potard en délire, ont cessé de paraître drôles,
— sinon à Laffitte, assez Caillard pour repla-
cer sur la diligence grinçante du *Siècle,* un
moment conduite par Céard, ce vieux cocher-
là, — du moins aux êtres amorphes qui mon-
tent encore dans la séculaire patache de la
rue Chauchat. Notez que ce grand juge de la
musique, qui conspua Berlioz aux jours d'é-
preuve, et flagorne aujourd'hui sa mémoire
en versant des larmes d'alligator, est d'une
surdité suffisante, tout au moins, pour lui
inspirer un peu de modestie. Avez-vous remarqué que la surdité est presque obligatoire
chez nos critiques musicaux? Comettant,
Vitu, Gallet, Massiac (l'intérimaire de Wilder), quatre sourds! Que ne sont-ils muets,

et manchots également, pour le bien de leur
génération !

Quelques nouvelles du Châtelet, où l'on a
constaté la présence de Lalo, du jeune Léon
Delafosse, de Le Borne, de Chamerot, président de la Chambre des imprimeurs, et amateur de musique, sans doute parce qu'il n'en
édite pas. Eh mais! n'est-il pas quelque peu
parent du blond Duvernoy, dont on exécu-
tait trois affreuses pièces orchestrales? A ma
grande joie, on a chuté fortement ces trois
petites vilenies ; la première est un pastiche
de Schumann, la seconde, un pastiche de
Wagner (marche funèbre de la *Götterdämmerung*), la troisième, un pastiche de Chabrier!!! Jugez ce que cela peut bien être!
Vergnet a chanté pâteusement un beau fragment de l'*Enfance du Christ* et la prière de
Rienzi, noble mélodie vieux jeu (que pas un
de nos adolescents ne serait capable d'écrire),
où le lion Wagner ne laisse entrevoir qu'une
seconde sa crinière flamboyante: On a fini

par le *Songe d'une Nuit d'été*, l'œuvre où il y
a le plus de Mendelssohn et le moins de Bar-
tholdy, encore que la grande marche à per-
cussion centrale (recommandée pour sorties de mariages riches) ait le don de m'aga-
cer démesurément.

26 janvier 1890.

XVI

C'est Jules Massenet le plat du jour. Une « sélection » d'*Esclarmonde* vient d'être offerte à nos abonnés. Le jeune membre de l'Institut n'a pas toujours été aussi en faveur auprès du patron. Il y aurait une trilogie (*ohne Vorabend*) à écrire sur les rapports de Jules avec... (je ne peux pourtant pas l'appeler Arthur!)[1] — avec le patron, si vous

[1] Pour l'intelligence de cette parenthèse, il convient d'informer le lecteur que le Directeur des Nouveaux-Concerts avait exprimé le désir de n'être plus désigné par son nom de baptême.

(Note de l'Éditeur).

voulez. Première journée : une photographie
de Jules, suspendue dans le bureau du maître, et dédicacée d'un autographe flatteur.
Deuxième journée : le règne de Wagner et
de d'Indy ; Massenet amer : « En fait de
musiciens français, Lamoureux ne joue que
ceux qui font de la musique allemande. »
Troisième journée : *Le Dernier Sommeil de la
Vierge*, extatiquement dirigé par Lamoureux, qui pelotait, en attendant, Marty.
C'était par une belle Matinée de printemps...
(Hartmann, éditeur).

Je n'ai pas la prétention de vous apprendre *Esclarmonde*, monsieur le Directeur. Si
j'en sais quelque chose de plus que ce que
m'a révélé notre exécution, je le dois à une
indiscrète et gentille camarade — de l'Opéra-
Comique, celle-là ! C'est une sorte de Bottin
musical, une *Histoire du siècle* où semblent
avoir collaboré tous les Gervex de l'harmonie, une Revue de fin d'année pour quelque Cluny supérieur, où tous les maîtres sont

représentés, de Meyerbeer à Wagner, de
Gounod à Massenet lui-même — car cet
habile homme excelle dans l'art d'accommo-
der ses restes. C'est l'éclectisme frénétique,
l'impartialité à l'état aigu dans le style et
les formules.

Notez qu'il y a là dedans un talent du
diable, une facilité, une aisance déconcer-
tantes. Et les réminiscences d'aller leur
train ! Le tendre Massenet, qui orchestra
dans *le Roi de Lahore* le beau thème classique : « Le Champagne est le vin des dames,
le Clicquot le vin des amours », a conscien-
cieusement dévalisé, cette fois-ci, les caves
du grand Richard. Et des *leitmotive*, à prendre le système en dégoût ! Ils ne sont plus tôt
partis qu'ils reviennent, indéformables, in-
compressibles, incassables. On voudrait les
exterminer.

Étrange musicien que ce Wagner pour
grandes cocottes, ce mystique pour cabinets
particuliers, qui fait d'un sujet doux et ter-

rible, avec la complicité de Gallet l'accou-
cheur, cette ennuyeuse, fausse, inconve-
nante *Marie-Magdeleine!* Et pourtant, comme
il est doué, le rusé compère ! Que de pages
vraiment bien venues dans le *Roi de Lahore*
et dans *Esclarmonde* même! Parfois de fines
harmonies dissonnent exquisement; parfois,
pendant quelques mesures, une idée mélodique heureuse se dessine. Mais ce n'est pas
pour cela qu'on l'aime, et que tant de belles
mains font craquer leurs gants à force d'applaudir, et que tant de haultes et honnestes
dames font écrire par lui les opéras qu'elles
composent. On l'aime, parce que sa musique
a la sentimentalité vicieuse qui plaît à nos
demi-mondaines (et même, dirait Jodelet, à
nos mondaines tout entières); parce qu'elle
a les gentillesses poétiques, les équivoques
religiosités qui chatouillent l'eunuchisme du
public. Les dames chérissent la signature
de Massenet comme, dans un ordre d'idées
voisin, celle de Redfern. Cette salade de

coccinelles et de chapelles, de mondanité et de rêve, d'érotisme et de prière, enchante les Athéniennes de la troisième République. Son orchestration offre la même association voulue de disparates. Née de l'hymen monstrueux d'un violoncelle et d'une grosse caisse, elle s'énerve en romances sur la chanterelle, quand elle n'aboutit pas à des tapages qui n'ont de nom dans aucune langue.

Et cependant, il faut savoir gré à Jules d'avoir fait *Esclarmonde,* après les abominations d'*Hérodiade* et du *Cid.* Même, il faut mettre de côté certaines répugnances artistiques, entrer dans la pensée du compositeur et comprendre que cet académicien est un des *seuls* — entendez-vous — à saisir nettement l'évolution du public, à la suivre et, au besoin, à l'accélérer. Merveilleusement souple, il construit ses ouvrages de façon à y mettre de quoi plaire aux imbéciles, et de quoi retenir l'attention des délicats, ne fût-ce qu'une minute. Il sait Wagner; dans une

certaine mesure, il y prépare la foule. Jamais,
du moins, il n'échouera dans l'obscurité musicale, dans les impasses où s'engagent aisément les artistes trop naïfs, trop étroitement
convaincus. Au milieu de platitudes sans
nombre, il a écrit le *Roi de Lahore*, *Manon*,
Esclarmonde, qui marquent trois étapes. Mé-
fions-nous!

Je mentionne, en passant, une excellente
exécution du *Trio des jeunes Ismaélites*, dans
l'*Enfance du Christ*, de Berlioz. Quelle chaste
et suave mélodie! Berlioz, voulant écrire un
« chant du foyer », où devait saintement
rayonner, dans la simplicité antique, toute
la virginale douceur de l'enfance, a choisi
des timbres légers et purs, dépourvus de
couleur passionnelle, blancs, aériens, candides, ceux de la flûte et de la harpe. Ne
sont-ce pas là, d'ailleurs, les vrais instruments des vieux âges? Cette page émue,
pleine de tendre génie, m'a charmée délicieusement; elle a été rendue à merveille,

mais je n'ai pu m'empêcher de trouver que
Hennebains, Lafleurance et Franck, pour
de jeunes Ismaélites, étaient un peu bien
décatis.

Mille astres brillaient au firmament du
promenoir; mais pour ne pas vous fatiguer
toujours des mêmes noms, je vous parlerai du
Châtelet, où ma petite camarade dit avoir vu
le glabre Albert Bataille, figariste ondoyant
et divers, qui loue *Lohengrin* et les *Maîtres*
et conspue le *Nibelungenring*; Mariotti, violoncelliste ténébreux; Adrien Remacle, athlé-
tique et apollonien... Mme Krauss a chanté
le merveilleux air de la Haine d'*Armide*...
Ohé! l'homme de Reyssouze! que n'étais-tu
là pour fleurir ta belle ruine! Tu sais, elle
chevrote de jour en jour davantage, mais
voilà : elle a du style, et c'est rare. Les cors
d'Édouard n'ont pas assez cuivré le son, et
puis les attaques n'étaient pas assez inci-
sives... mais quelle musique! je donnerais
M. Gounod pour l'intervalle de seconde mi-

neure, simplement, entre les deux parties de violon, aux déchirantes paroles : *Sauve-moi de l'Amour !*

On a emporté plusieurs personnes pendant le concert, foudroyées par un accès soudain de choléra. M. Pasteur, appelé en toute hâte, a découvert le microbe dans les replis d'un concerto de Godard, brusquement projeté dans la salle par le violoniste Johannès Wolff. L'état des victimes ne laisse que peu d'espoir.

NOUVELLES DU CONSERVATOIRE

Je ne saurais trop recommander l'*Ode à sainte Cécile* à ceux qui chérissent le ton de *ré* majeur et le « rythme quaternaire », comme dit le critique du *Figaro*. Quant aux amoureux de la grâce et de la souplesse, ils feront bien de fuir cette musique raide du plus anglais des Allemands. *Sainte Cécile*, *Judas Macchabée*, la *Fête d'Alexandre*, *Acis et Galathée*; les titres seuls changent, non les tonalités.

Dans ces œuvres sans pitié d'Haendel, il n'y a plus qu'un élément de la musique : le rythme, imperturbable, immuable à vous faire adorer Chopin. Pas d'orchestre : le quatuor, toujours le quatuor. On donnerait dix louis pour entendre autre chose que ces chanterelles, que ces cruels violons qui scient les nerfs du patient avec une âpre régularité.

L'historiette, je ne l'ai pas très bien comprise, parce que j'ai un peu dormi. Chœur, air ; air, chœur ; air, air, récit et chœur, au bout des trois premières heures on s'en lasse un peu. Le moment du jugement dernier (car on parle de cette audience ultime, sauf erreur) m'a semblé fort beau, et j'ai été réveillé par une fanfare de trompette d'une superbe crânerie ; bon air de ténor, héroïque, avec accompagnement de trompette aussi ; et puis c'est le repos, c'est l'oasis, c'est un air que Mme Melba soupire, accompagnée par Taffanel, comme dans *Lucie* (*si parva licet...*), un doux air mélancolique, et féminin, et en mineur, et rythmé autrement qu'un défilé de dragons à pied. Je crois superflu de dire que Haendel, malgré tout, est un géant de l'art musical. Mais, que voulez-vous, il m'aplatit.

Taffanel souffle comme un ange; Turban donne le bras à la cantatrice, dont la voix est admirablement pure dans les notes élevées (*Melba* n'est pas à dédaigner non plus, a fait remarquer Willy); Teste trompette de façon à impressionner Géricault; le violoncelle de Rabaud a peu de son, et ce son est affreux.

Dans la salle, Tiersot, Jacques-Émile Blanche, M. et Mme Carnot, Mahomet-Récy, prophète d'Allah-Saint-Saëns, l'ambassadeur Mohrenheim et Lascoux, qui semble souffrir pendant la symphonie en *la* mineur de Mendelssohn. « Messer Claudio, vous êtes un beau juge. »

2 février 1890.

Monsieur le directeur,

Un désert, mon cirque! personne au promenoir; des idées sombres me taraudent l'encéphale; C'est la *Salammbô* de Reyer qui fait le vide chez nous — un vide dont ma nature a horreur — et aspire à Bruxelles tous ceux que j'aime.

Du reste, le patron, qui ne lutte plus depuis *Lohengrin*, n'a pas essayé de s'opposer à cette hégire en corsant son programme. Même, j'imagine qu'il s'est félicité d'une désertion qui lui a permis de nous sortir le crescendo

bon enfant de W. Chaumet devant le seul Diémer, unique représentant de la jeune école.
Brave Chaumet! sa *Sainte-Geneviève*, que, cet
été, mugissait Lassalle au Trocadéro, m'avait
semblé bien mauvaise; son *Lever de soleil* me
donne pour elle des trésors d'indulgence.

Une spirituelle wagnérienne, avec les
belles intransigeances de la jeunesse, disait
naguère : « L'ouverture du *Freischütz*, on ne
l'entend plus avec plaisir quand on a passé
quinze ans. » Tous les auditeurs m'ont semblé
posséder l'âge requis par la charmante
Mme Robert. . Estienne, mais leur admiration
ne les a pas empêchés de sourire discrètement
des fringances soudaines du patron; qui,
agité, fumant, échevelé (ce mot lui plaira),
conduisait cette page superbe avec une
fougue exubérante.

Je me hâte d'ajouter que, bientôt dégrisé,
il a racheté cette passagère ivresse en diri-
geant avec la plus édifiante lenteur l' « Hy-
ménée » frénétique d'*Esclarmonde*, pris par

lui dans le mouvement du *Pie Jesu* de Stradella. Toujours brun, toujours fatal, toujours
irrésistible, toujours violoncelliste, Delsart
ne cachait pas la stupeur où le plongeait Lamoureux, conduisant d'un air tranquille et
lent, avec des gestes mous, sur un rythme
indolent, « cette description fidèle et détaillée
de la manifestation physique des tendresses
humaines, » pour employer la périphrase du
saint Jean Bouche d'Or de la *Revue des Deux-
Mondes*.

Il y a des gens qui adorent Mendelssohn
et la flûte ; ils ont pu se régaler du scherzo
(encore !) du *Songe d'une nuit d'été;* leurs
applaudissements furieux ont crépité sans
que le Hennebains auquel s'adressait cette
ovation — cramoisi, éperdu, mais cloué
par les regards sévères du Patron — osât se
lever pour saluer ce peuple en délire.

Plus heureux, White, dont l'habit est noir
aussi, a pu multiplier les révérences après
les bravos, absolument légitimes, qui ont

salué son impeccable exécution d'un concerto pour prestidigitateurs, signé Wienawski.

Médiocre, la concurrence du Châtelet. Édouard ne connaîtrait-il pas *Euryanthe?* On pourrait le croire, à en juger par la notice du programme rose où il explique, si j'ose m'exprimer ainsi, le sujet du poème dû à cet horrible bas-bleu allemand, die Gnädige Frau Helmine von Chetzy. Mais le cher patron de ma petite camarade, non content de tripatouiller Wagner (il remplaça jadis Wotan, dans l'Incantation du feu, par un cornet à piston), dépèce également le stupide livret d'*Euryanthe*, besogne basse à laquelle il apporte une âme de plombier-zingueur. Adolar devient Odoar (presque Édouard); Églantine se change en Zara (?); vous devinerez mal le félon Lysiart sous le pseudonyme britannique de Reynold... Quel sous-Wilder t'a prêté ses lumières, dis, pour une si ingénieuse adaptation ?

Nous avons eu une fantaisie — peu coûteuse — de E. Bernard, l'adversaire de Tom Cannon, pour piano et orchestre, jouée avec l'Égalité qu'il faut par un certain Philip [1], et trois exhibitions de Mme Krauss, à qui Alphonse Benoît, mal dissimulé sous la cravate blanche d'inspecteur du contrôle, a présenté un splendide bouquet de lilas blanc, aux applaudissements de G. Hüe et de Paul Fournier. Elle a chanté l'air d'Églantine dans *Euryanthe* (voir plus haut), air où circule, par parenthèses, un de ces *leitmotive* savoureux que je recommande à l'attention bienveillante de l'ami Vincent. Puis elle a dit la sublime *Prière d'Élisabeth*, — un peu trop lentement à partir de la seconde phrase : *Mach dass ich rein und engelgleich...* — à laquelle elle a eu le tort d'ajouter un point d'orgue d'une exagérée longueur. Enfin, l'on a ouï, toujours par elle, l'*Ode de Sapho* (la

---

[1] Ce calembour est de fort mauvais goût. Il est extrêmement ridicule de faire montre de son érudition, surtout pour une femme. (*Note de l'Éditeur.*)

barbe de M. Gounod éventaillait la deuxième
loge, à gauche). Le Père de la Musique a salué le public — ne plus ne moins que feu
Loyal, quand on applaudissait les change-
ments de pied de son alezan, — mais il paraissait anxieux et cherchait vainement
dans la salle, pour le bénir, son préféré, l'enfant de sa douleur, Camille Bellaigue,
absent pour cause d'une conférence de Brunetière. Triste ! Triste !

9 février 1890.

XVIII

Belle séance, monsieur le Directeur, et belle
salle, bien que le Conservatoire nous eût fait
un peu tort : Jugez ! on donnait là-bas la
scène finale du troisième acte des *Meistersin-
ger ;* assez mal, d'ailleurs, si j'en crois les
gardiens de ce sérail, qui me signalent chez
eux la présence de plusieurs seigneurs :
Tiersot, long et triste, Torchet émoustillé,
Pougin, qui se fait appeler Arthur dans le
fol espoir d'être confondu avec Coquard ;
Adolphe Jullien, ou le Porc-Épic malinten-
tionné ; Thomé, qui croit faire de la musi-

que, etc., etc. Bellaigue, impénitent, écoutait avec l'air vindicatif d'un Beckmesser
qui va tuer un chef-d'œuvre pour la seconde
fois, au nom de la vraie musique française,
clarté, fraîcheur, sensibilité, guitare...

Nonobstant la concurrence des fonction-
naires de la rüe Bergère, j'ai relevé dans
notre cirque les figures connues de Halays,
de Lazzari, qui se fait défendre par Willy
contre les attaques de l'*Art moderne* (voilà
donc quels vengeurs s'arment pour ta que-
relle !) de Poujaud, gai comme un scherzo de
Mendelssohn, mais plus distingué; de Chausson, dont l'agitation faisait mal à voir; de
l'hirsute Bruneau, dont la chevelure est
aussi indépendante que la *Revue* où il en-
cense Camille Benoît; de Messager (prédes-
tiné aux *Deux Pigeons*, comme son nom l'indique), qui, dernièrement, après son vieux
rossignol de *la Fauvette du Temple* — trop
d'oiseaux ! trop d'oiseaux ! — prêta le passe-
port de sa musique aux équivoques gentil-

lesses du blond Catulle, dans *Isoline*, et finit par faire chuter aux Bouffes un vaseux *Mari de la Reine* (six représentations). Ce n'est pas tout : les yeux un peu pochés, le dos un peu rond, majestueux tout de même, Willy trônait, richement accompagné — ce qui le distingue des mélodies de Reyer.

J'ai vu aussi Georges Servières, toujours morose, toujours crocheté dans sa redingote d'officier autrichien ; Lalo, assez audacieux pour venir braver le patron jusque dans son antre; Armand Gouzien, de plus en plus candidat à la succession des innommables directeurs que Reyer, en un jour de furie, traita devant Blavet, vaguement approbateur, de « Siamois du muflisme ». Puis, un fort lot de musiciens et de musicographes, retour de Bruxelles : Vincent d'Indy, à qui d'amers farceurs, incités par Mendès, veulent poser le lapin polonais des *Mères Ennemies* à mettre en musique; voici encore l'ahuri Duvernoy, dont la musique n'a rien de Clément ; Ernst, le lénitif Guilmant de la critique ; l'affreux Joncières, qui ne peut comprendre à quel point *Dimitri* date ; Schuré, qui vient de découvrir la *Grande Chartreuse* (comme Bellaigue *la Dame Blanche*), wagnérien, théosophe jusqu'à être surnommé le duc de Pomar, et à qui Massenet finira par ressembler, au physique, dans quelque dix ans d'ici.

A propos de théosophes, quelle plaie d'Égypte pourrait être comparée au terrible Péladan, le Nergal d'*Istar?* Cet Élohite bafouilleur, qui essaye maintenant de se hausser au wagnérisme, digne seulement de pontifier au Bayreuth de Franconi, gâte un talent savoureux par une niaiserie pyramidale. Écoutez-le faire de la critique et résumer la *Terre* du gros Émile : « L'Ecbolyque dysodienne remplissait deux pages... Après avoir fait du *Crepitus* le polyonyme le plus orné, le Bête découvre que *Crepitus* est pyrothique en sa phonascie... »

Victime affolée du général Campenon, qui lui voulut du mal « l'an XIV de la Terreur militaire », de Napoléon Ier « ce Thug », de Bismarck, de Mac Mahon, du pharmacien Wilhelm Schwabe (de Leipzig), de Porel et de tous les éditeurs et directeurs de Revues, qu'il accable de copie, ce descendant des rois de Babylone, Tesmothéte inécouté mais incessant, a tenté sans succès de nous attendrir sur les malheurs de sa « nudité d'éphèbe », soumise à la honte des conseils de revision, et sur un séjour qu'il fit à la salle de police pour manquement à l'appel. Il est alchimiste et fit un louis d'or qui lui coûte quinze cent trente francs. Il est mage — un mage d'Épinal, sans doute — hyperesthète et néo-platonicien. Il professe sur la peinture contemporaine des opinions d'aveugle, comme le prouve sa désopilante brochure, l'*Art ochlocratique*. Il est kabbaliste, grotesquement. Ce rosse-croix se prétend hiérophante, et s'imagine avoir parcouru « le périple de la gnose ». Astrologue d'opérette, thaumaturge de brasserie, incapable d'ailleurs d'envoûter un chat malade, il ne traite que d'incubes et de succubes, de corps astral et de délectation morose, de pentagramme et de grimoire. De ces rébarbatifs vocables, il subjugue la stupidité admirative d'un troupeau de dindes idéalistes, hypnotisées par son manteau rouge fradiavolesque. En fait d'hommes, il fréquente surtout Papus, le synarchiste Saint-Yves et Stanislas de Guaïta, qu'il honorait hier de « salutations pantaculaires d'une amitié où la communauté des études et l'identité des aspirations illuminent de sérénité les dévouements du cœur. »

Hors ces trois initiés, vous et moi nous sommes des nimroudiens et des nimroudiennes, d'humanité bovine, porcine même : qui n'admire Péladan se reconnaît coprophage. Le rêve de ce Daimon, en qui se modalisent les Idées archétypes, c'est l'Androgyne, et parfois, pour changer, la Gynandre.

Il a bâti là-dessus d'opaques volumes où quelques érudites considérations sur les *quattrocentisti* et d'assez originales vérités sur les mœurs actuelles sombrent en des aventures d'une feuilletonesque cocasserie : pugilats entre princesses d'Este et dominicains vertueux, chiens piqués au curare, souteneurs massacrés à l'acide cyanhydrique, migraines guéries par application de couleuvres, or potable et syphilis, théurgie et sadisme... C'est Platon du Terrail, Orphée de Montépin. Et, auprès de ce catholique — il croit l'être, le pauvre ! — semble un prodige d'orthodoxie, le roi des édités de Stock, Léon Bloy, qui hurla en plein *Gil Blas* d'épileptiques malédictions contre la barbe immense et pédiculaire de Joséphin, « ce Sar qui a droit à se sariser », comme le proclame George Montière, biographe agenouillé. S'il faut entendre par là que le propagateur de l'inceste élohite a tous les droits à être exhibé par Sari, montreur des

8.

Folies – Bergère, j'approuve énergiquement.

Un jour qu'il avait à se plaindre de l'*Écho de Paris*, Aurélien Scholl engagea vivement le directeur de cette feuille à publier une péladânerie *Curieuse*. Dès le troisième feuilleton, on dut engager un employé spécial pour enregistrer les désabonnements, et les Boucicaut supprimèrent toute réclame au journal, pendant un an, exaspérés d'un chapitre « du Bon Marché à l'adultère. » Lors, le secrétaire de la rédaction enjoignit au mérodacariâtre babylonien d'étrangler son éthopée dans les vingt-quatre heures. Scholl en a ri longtemps.

Un mot encore : en la première des « quatre ballades familières pour exaspérer le mufle, » que tailhada sur l'airain — sans la collaboration de Jean Moréas, dit-on — l'auteur des *Quatorzains d'été*, furent célébrées les extrémités crurales du dieu.

> ... Ni l'ambre, ni l'huile de foie
> Que l'Islande à Barrès envoie,

> Ni tes narcisses, Éridan,
> Au humer n'offre tant de joie :
> Voici les pieds de Péladan.

D'abord, une vigoureuse exécution de l'ouverture de *Schurmann* (en allemand, on dit *der Fliegende Holländer*), superbe page, malgré certaines brutalités, et si colorée — oh ! ce chœur des cuivres entonnant les premières notes du motif rédempteur, à la fin de la tempête ! — Puis, à la grande joie des auditeurs, décidément un peu mollusquards, on nous a servi la deuxième audition d'une chose qui n'eût pas manqué de s'appeler le *Réveil du Lion*, dans ma jeunesse : le *Lever de Soleil* de Chaumet — William, comme Bouguereau le sucré, dont la peinture est interdite aux diabétiques. Ce soleil-là me paraît, que Tânit me pardonne ! n'être qu'une lune ; la lune de la tienne, ô Massenet ! A ce propos, on me permettra de réprouver certains effets inconvenants de trompette-piano dont il faudrait abandonner le monopole à Armand Silvestre, ce Lamartine des soupirs inférieurs. *Roméo et Juliette* a laissé froid notre public, d'ailleurs alourdi des non-valeurs du Châtelet qui n'avait pu se grouper, pour cause de *Pilules du Diable*, autour du trépied de leur Pythonisse habituelle. En dépit des incohérences, des longueurs, des duretés qui abondent en ces pages de Berlioz, elles éclatent de génie. Les défauts n'arrivent pas à éteindre les qualités flamboyantes de ce maître sauvage. La péroraison vulgaire du motif que chante le hautbois accompagné par les violoncelles *pizzicato* ne peut faire que ce thème ne soit poignant ; de même la conclusion inutile de la *Fête chez Capulet* est impuissante à détruire l'impression de cette musique enfiévrée, et, lorsque le trombone impose la phrase de Roméo à l'orgie grouillante de l'orchestre, il y a là une explosion, une clameur douloureuse que l'asphyxiant Johannès Weber est encore seul à n'avoir pas comprise.

Ce n'est pas chez Édouard qu'on aurait des exécutions comme celle-là! Bravo, patron! La *Scène d'amour* a marché merveilleusement et le *Scherzo de la reine Mab* a été exquis, à part quelques petits malheurs arrivés aux cors...

Puis, nous avons ouï le prélude de *Parsifal*, admirablement rendu, à cela près que le mouvement a été pris une idée trop vite. Je puis le déclarer sans crainte de blesser le patron qui a reçu avec la plus tumultueuse reconnaissance les observations de Bellaigue relatives aux mouvements d'*Egmont*. C'était dans la loge de Dumény... Quelque jour je conterai cette anecdote, oh! ma chère!... Mes félicitations spéciales au cor anglais, au timbalier et à tous les contre-bassistes, qui ont divinement fait frémir leur trémolo voilé au début de la dernière partie. Il y a eu une trompette quelque peu dure, dans la suite de sixtes qui termine le *Grals-motiv*, et vous auriez bien fait, pétulant Capellmeister, au lieu d'exciter vos cuivres, de les contraindre à un mouvement plus large, dans les trois affirmations du motif de la Foi, dont la cadence finale, en particulier, doit être sensiblement ralentie. N'empêche que c'était excellent tout de même!

Encore le *Scherzo!* si ça continue, ce n'est plus le Cirque d'Été, mais le Cirque d'une Nuit d'Été qu'il faudra dire! Naturellement, délire de la salle! Même, j'ai entendu un *bis* proféré par un auditeur non rassasié, que les protestations du promenoir ont heureusement bientôt réduit au silence. Il se tait, ulcéré, le Mendelssohnien. Des sons inquiétants effarouchent la salle; quels borborygmes de géant indisposé résonnent avec ce sans-gêne? C'est Chabrier qui sévit.

Chabrier! ou la dernière incarnation d'Hervé. Après avoir été musicien d'opérette, impresario anglais, amiral suisse, l'auteur du *Petit Faust* a clos la série de ses avatars ambitieux en devenant wagnérien. C'est ce

qu'indique le prénom d'Emmanuel. Vrai,
ce diable de Chabrier a du talent comme
quatre, ou comme six, mais il pousse la fu-
misterie un peu loin. Va pour *España*, mais
la *Marche joyeuse!*... Enfin le carnaval justi-
fie tout, même cette gavrochade où le musicien de *Gwendoline* (par parenthèse, voyez-
vous d'ici la tête de Wagner entendant
l'ouverture de cet opéra?), le spirituel compositeur du *Roi malgré lui*, celui enfin qui va
nous donner *Briséis*, si impatiemment atten-
due, a mis en symphonie le cri de l'infortuné
Bulgare, le dernier soupir de Louise Michel
et autres *leitmotive* du faubourg Montmartre.
Ce Falstaff du wagnérisme, doué d'une imagination exubérante, d'une science parfaite,
d'un sens extraordinaire du pittoresque et de
la couleur, et qui, chose rare, a des idées, se
livre trop volontiers à des fantaisies bedon-
nantes qui ne font même plus rire. Quand il
est en proie à ces accès de fureur chienlito-
épileptiques, notre rabelaisien jongle avec

les dissonances, avale les syncopes, orchestre
avec ses pieds, avec son nez, avec son Bot-
tom, lui qui pourrait être Ariel! Allons, allons,
Emmanuel, toi qui es un solide, un râblé, ne
contriste pas plus longtemps une ouvreuse
qui te veut du bien...

Il y aurait mille choses à écrire de la
ravissante *Ouverture du Carnaval romain,*
encore qu'il y ait là « un *sol* qui ne va nulle
part », comme disait d'Indy un jour de pes-
simisme. Mais j'en pense tellement de bien
que ça serait trop long. Une remarque d'ordre
plus général : pourquoi le patron siffle-t-il si
fort, sous couleur de rappeler au silence les
indiscrets? Je ne lui cacherai pas qu'il fait
plus de bruit de cette façon, à lui seul, que
toutes les causeries des bavardes qui jabotent
dans les loges. Et puis, il ne faut jamais
« appeler Azor » devant un public. L'esprit
d'imitation est si répandu !

Par conscience, j'ai voulu lire le papier
que je distribue à nos jeunes gens : ainsi des

physiologistes au cœur vaillant essayent les poisons sur eux-mêmes; ainsi Bochefontaine absorbait certaines potions excrémentielles... (Il ne faut pas dire Bochefontaine, je ne boirai pas de ton eau.) Il est anéantissant, ce programme; j'y ai lu, à propos de Mendelssohn, que « le Scherzo est la clef qui nous ouvre le royaume de la féerie. » C'est toi, illustre Servières, qui as trouvé cette métaphore de Serrurier? Elle me pène!

UNE OUVREUSE DU CIRQUE D'ÉTÉ.

P. S. — On m'accuse d'être dans le faux en affirmant que certains ne dirigent pas comme il convient l'ouverture du *Freischütz*. Je renvoie aux *Gesammelte Schriften* de Wagner mes correspondants et nos capellmeister aussi; si quelqu'un de ces derniers, par aventure, ne sait pas l'allemand, il se fera traduire le passage par Lazzari. Je ne dis pas cela pour M. Lamoureux qui, un beau jour, assis près de Bellaigue dans une bras-

serie de Bayreuth sut prouver victorieuse-
ment à cet incrédule qu'un chef d'orchestre
qui se respecte possède à fond la langue
que, pendant de longues années, parla seule
M. Albert Wolf, avant d'avoir appris le Wol-
fapück.

U.O.D.C.D.E...

16 février 1890.

XIX

Ah! la belle, ah! la bonne, ah! la savou-
reuse exécution de *Roméo et Juliette!* Elle a
eu le divin je ne sais quoi, l'indéfinissable
supériorité qui manquait à la précédente,
pourtant si remarquable! Tous les sylphes
du scherzo t'entouraient, patron de mon
cœur, et Mab elle-même voltigeait autour de
ton crâne étincelant.

O then, I see, Queen Mab hath been with you!
La volupté des nuits amoureuses exhalait
ses soupirs au rythme magique de ton bâton
de mesure. Mais cette fête chez Capulet! O

Roméo! Comme ton cri désespéré a resplendi!
Écoute, ô mon patron aimé, s'il est vrai qu'en
un jour de colère, tu te sois vanté d'avoir des
trombones « très méchants » prêts à fondre
sur ta pauvre petite ouvreuse pour l'accom-
plissement de tes vengeances, eh bien! ô mon
maître, ô mon père, envoie *celui-là*, celui-là
seul, à ta servante. La mort me sera douce,
venant de toi, donnée par lui, trop douce...
Bitterness of things too sweet! s'écriait Swinburne ou Francis Vielé-Griffin, peut-être (je
me trompe, dans tous ces étrangers.)

   Car je t'aime, vois-tu, avec toute l'ardeur
d'un cœur jeune et d'une riche nature, malgré le fracas de tes colères et l'existence de
chien que tu nous fais mener; je t'aime, quand
tu nous joues du Berlioz comme dimanche dernier, je t'aime quand tu nous exécutes comme
toi seul le peux, à Paris, des fragments de
Tristan, opéra pour rastaquouères, ainsi que
l'a doctement démontré cet ineffable plantigrade (Houston Stewart Chamberlain, émou-

cheur de Wagner), je t'aime, — oh! si fort!
— quand tu daignes négliger Mendelssohn
pour les vrais grands, ceux qui avaient un
cœur sous la mamelle gauche, et non le
Gradus ad Parnassum de Fux.

Si le prélude du troisième acte de *Tristan*
n'était pas, il ne faudrait pas espérer l'inven-
ter. Wagner seul, après le gémissant *Sehnens-
motiv* du début, l'expressive plainte de la
Liebsentbehrung et les tierces échelonnées qui
disent l'isolement, la solitude, le morne in-
fini de l'Océan, était capable de faire entendre
la vieille et triste mélodie d'enfance, le lent
refrain des pâtres poussant leur troupeau
sur la falaise, par les herbes rares qui sifflent
au vent de la mer. *Die alte Weise!* l'antique
complainte qu'ont faite peu à peu toutes les
souffrances anonymes, toutes les mélancolies
des inconnus et des humbles, et où Tristan
reconnaîtra, dans quelques instants, l'immen-
sité de sa propre désolation.

Dorel a été étourdissant ! Un tonnerre

d'applaudissements a couvert la dernière note de son solo ; le fidèle garde du cor anglais est devenu incarnadin, puis cerise, puis pivoine, sous les acclamations du public et le regard goguenard du patron, qui faisait des grimaces extraordinaires et sautillait sur place, inconsciemment, avec une simiesque fébrilité : on eût dit Gorille d'Égout. Ce bon fumiste de Georges Daudet, placé non loin de l'apollonien Maurice Lefebvre, aux premières à gauche (belle chose, la fortune !) a réchauffé l'enthousiasme après cette première ovation apaisée, et suscité un nouveau hourrah de bravos. Monsieur Lamoureux, l'orchestre, le public, mes compagnes, moi-même, nous aurions voulu faire resaluer le bon pâtre, mais, les yeux baissés, il a dit à ses voisins avec une petite moue charmante : « Ah ! non, pas deux fois, » et s'est contenté de re-rougir avec frénésie.

Pas mal du tout, le Chevillard ! bien orchestré, bien développé. Ce n'est pas à propos de lui qu'on dira : tous les gendres sont bons hors le gendre ennuyeux, car l'on ne s'est pas ennuyé une minute. Ce pianiste exultant, qui rata un peu son effet à Wahnfried, si j'ai bonne mémoire, en sabrant avec une vélocité bafouillo-vertigineuse le finale de la *Götterdämmerung*, a été chaleureusement applaudi et justement accueilli comme compositeur. C'est bien, c'est très bien, jeune homme, continuez.

Singulier public! des poètes, des violonisses, des entrepreneurs en bâtisse, et pas un compositeur, sauf Chabrier (en veston tabac d'Espagne), venu pour constater le complet insuccès de sa *Marche*, « ronde étrangement encanaillée du Bourgeois symbolique, » dit l'honnête Bruneau, qui sue sang et eau pour se guinder aux cimes du style fin de siècle dont il voit d'effarouchants exemples dans sa *Revue indépendante*. Elle est infiniment moins joyeuse, cette marche, que ne se le figure ce sympathique maboule qui, peu de jours auparavant, à la reprise de *Zampa*, tirait la langue à son ami Danbé, du fond de sa baignoire, et applaudissait vigoureusement Lhérie en disant : C'est Lhérie qu'il me faut.

A côté de ce Wagner pour bals masqués, l'excellent violoniste Reynier, que nous espérons tous voir remplacer au Conservatoire, le vieux Chose et le sénile Machin; vous m'entendez bien. Puis Marsick, autre violoniste, beaucoup moins décoré, décoratif tout de même. Au promenoir, Henri Meyer, venu pour entendre un peu de bonne musique avant d'aller se condamner pour trois mois aux habaneras que nasillent les brunes guachinangas de l'Amérique du Sud; Tausserat, le serviable et charmant camarade de tous les littérateurs, grand collectionneur des manuscrits de « jeunes, » pour lesquels il est obligé de faire agrandir son hôtel; Henri de Régnier, qui, voyant sortir bien avant la fin du concert Willy et Willa (il faut des époux à sorties), ne peut résister à la tentation de

les suivre, et murmure cheminant : « J'ai
marché derrière eux, écoutant leurs baisers,
voyant se détacher leurs *sveltes* silhouettes
sur un ciel automnal, dont les tons apaisés
avaient le gris perlé de l'aile des mouettes. »
Willy svelte? Je n'aurais pas trouvé celle-
là!!! Qui ai-je pointé encore? Trois politi-
ciens : l'élégant Binder, la fleur de nos con-
seillers municipaux ; Pousset, le brasseur
célèbre, connu comme le houblon, et Mermeix, venu pour prendre un bain de son.
Puis Bourgault-Ducoudray, puis les moustaches d'ébène et les yeux de velours de
l'irrésistible peintre Paul Robert [1], et bien
d'autres sommités encore...

Ma petite camarade du Châtelet me dit
monts et merveilles de la *Psyché* de Franck.
Il est ravissant, ce poème symphonique dont,
grâce à Édouard, nous avons eu dimanche la

---

[1] Ce remarquable artiste est visible tous les jours,
de 5 à 7 heures, à la terrasse de Tortoni.

(Note de l'Éditeur.)

9.

première audition depuis celle du Concert à orchestre de la Nationale, aussi ravissant qu'est modeste le librettiste dont nous ont celé le nom et les affiches, et les programmes, et la notice analytique autant que motivée répandue dans la salle par les soins de Bruneau fils aidé de son éditeur de père (un peu serré dans ses bottines, à ce qu'il m'a semblé, ce dernier). Je l'ai dit, je l'ai redit, je le répète, c'est ravissant, et pourtant, ô grand César ! la plus menue de tes sonates ferait bien mieux notre affaire. Tu fus jeté sur terre, garde-toi d'en douter, par décret nominatif du Tout-Puissant, non pour mettre en musique le Verbe et l'Action, non pour produire, avec la collaboration de l'avantageux Gilbert-Augustin-Thierry, des *Ghika* méro ou carnotvingiennes, mais pour préluder, fuguer, symphoniser et quintettiser.

Chœurs dans la coulisse (sopranos, contraltos, ténors, pas de basses) véritablement exquis ; au reste, la musique de Franck a

prouvé qu'elle savait résister même à l'interprétation des « Femmes du monde. » N'est-ce
pas vrai, légions enivrées d'éphèbes aux
mains solides, qui avez si vigoureusement
applaudi le Vieux Maître, au concert de
Paul Braud?

Peu d'effet, d'ailleurs; le public, affamé de
virtuosité, a réservé ses enthousiasmes pour
la variation des premiers violons du *Septuor*,
qu'il a fallu recommencer.

Poujaud, toujours séduisant et suggestif,
faisait remarquer combien l'exécution de la
symphonie en *sol* du père Haydn était lourde.
Comme le dit le naïf programme rose : *Autre
temps, autres mœurs musicales!* Non loin de
lui, j'ai vu Kœchlin, dit *Triple-Sec*, lequel
dépose chaque lundi, à la troisième page des
Débats, des notules musicales essentiellement
constipées qui sentent fâcheusement le brunetière et ses prétentions au style du grand
siècle; Holmès, dans un grand boa blanc (le
boa sacré), dodeline de la tête; d'Indy, les

bras croisés, écoute, palpitant de respect et d'amour ; je vois aussi Lalo très applaudisseur, Coquard, emballé, qui détient un formidable opéra : *Les Fils de Mme Jaëll*, ou « du piano-forte en Palestine », enfin, Pierné aux doigts de fée, le Gabriel des traits, qui tenait l'économique harmonium destiné par Édouard à remplacer des instruments à vent dont on a déploré l'absence.

Colonne manque de vent, le patron manque de chœurs (il ne nous en a pas servi un seul depuis que nous fonctionnons au Cirque). Ah ! les temps sont durs !

PETITS PAPIERS DU CONSERVATOIRE

Le sympathique Garcin — Garcin (Jules), et non pas Garcin (Lazare) quoique il soit dans le train — a dirigé la scène finale du troisième acte des *Maîtres chanteurs*. Avant ce morceau de résistance, nous avons eu la *Symphonie en* ut *mineur*, que j'aimerai jusqu'à mon dernier souffle — l'*ut* pour la vie !

— L'exécution en a été merveilleuse, idéale, enthousiasmante, à part une note de supplément que s'est indûment payée le contrebasson trop vorace, qui ferait bien mieux de payer les miennes. Cette fête des oreilles a été suivie d'un concerto de Georges Pfeiffer, joué par une beauté sombre dont l'œil semblait interroger, mi-clos, les hures sinistres des abonnés... Ledit concerto n'est pas, du reste (excusez-moi), de ceux que je pfeiffère : j'aurai voulu qu'il fût joué à mi, non, à huis clos !

Quant aux *Maîtres*, ils ont été exécutés très convenablement. A toi, ami Garcin, je ferai observer que le rythme de la marche a été trop pressé, point suffisamment solennel, *stattlich*, comme on dit là-bas. En revanche, le mouvement de la valse m'a semblé juste, et le choral de Hans Sachs, pris très largement, a produit un saisissant effet. L'orchestre a donné trop de sonorité dans l'accompagnement du *Preislied*, chanté un peu vite par Engel. Soulacroix est bon et même excellent en Beckmesser [1]. Mais le rôle de Sachs paraît bien trop haut pour Auguez dont la voix ne domine pas suffisamment. Coupures inévitables, ô deuil! Pour la petite phrase d'Éva : *Keiner wie du*, on l'a fait dire par le premier soprano du chœur dont nous avons apprécié du moins la bonne volonté. J'ai pleuré sur le texte des *Maîtres chanteurs*, si nerveux, si coloré et si vivant, traduit, hélas ! *in Wilder Art...*

[1] Nous complétons ici les renseignements de l'Ouvreuse ; la premières fois qu'il entendit le chant bouffe de Beckmesser, M. Gounod laissa tomber — sérieusement — les paroles suivantes : « Si, nous autres, nous écrivions de pareilles choses, on nous sifflerait. » Du reste, Wagner n'a jamais trouvé grâce devant M. Gounod qui lui a décoché, dans *la France*, le 18 avril 1887, un article signé : « Gallus », dont le musicien de Bayreuth se relèvera difficilement.   (*Note de l'Éditeur.*)

23 février 1890.

XX

Monsieur le Directeur,

La victoire est aux gros bataillons. Cet adage contribue.à expliquer les triomphes de Mme Amalie-Friedrich Materna, tyrolienne mastodontesque, *K. K. Hof-Kammer-Sängerin* de l'Opéra de Vienne, dont le prodigieux diamètre égale le prodigieux talent. Mais il ne suffirait pas cependant à en rendre compte. Cette cantatrice-Krupp est tout bonnement une des plus extraordinaires artistes de ce siècle, tenant de la Krauss et de la célèbre Schroeder-Devrient : voix su-

perbe, diction exquise, sens tragique excep-
tionnel, et, enfin, compréhension profonde
des rôles. Par malheur, ces qualités incom-
parables ont faibli avec le temps, et, si
l'âme est restée la même, les moyens physi-
ques ont baissé. Bien que le timbre de la
voix ait gardé sa pureté idéale, le son a
perdu une partie de sa force et de son am-
pleur.

Nos jeunes gens affirmaient qu'à Bayreuth,
l'an dernier, ce mammouth qui a avalé une
fauvette leur avait déjà donné une réelle dé-
ception. Dans le début de la scène entre
Parsifal et Kundry, au deuxième acte, page
essentiellement Maternelle, si j'ose ainsi
m'exprimer, la cantatrice, empêchée par
l'extravagance de son embonpoint, avait con-
servé une immobilité invraisemblable, digne
de ce dôme central de l'Exposition universelle
dont elle a déjà les majestueuses propor-
tions. Pour moi, qui, simple ouvreuse, ne
peux guère aller à Bayreuth pour y com-

n'avez pas idée : nulle part on ne fait aussi bien. Patron susceptible, j'aurais voulu te sauter au cou, tellement tu m'as paru gentil — plus gentil encore que le joli brun tout jeunet qui me fait régulièrement de l'œil, au dernier rang des seconds violons. La *Danse macabre* a bien marché, mais nos désirs étaient ailleurs. Houfflack y a dit supérieurement son solo de violon, à la grande joie des admiratrices du parquet, « les Houfflackettes », comme les nomme Poujaud.

Le sourire aux lèvres, Mme Materna s'avance de nouveau, et commence : *Starke Scheite schichtet mir dort...* La salle, toujours candide, se réjouit d'entendre si bien prononcer l'italien, et le misanthrope Servières, plus perspicace, s'étonne qu'elle ait cru devoir chanter une si belle page en anglais. Quant à d'Indy, tout ému, il ôte machinalement le haut de forme rivé jusque-là sur sa belle tête pâle. Tiersot retire pareille-

Lenz moderne — qui nous délaisse, hélas !
pour exhiber au Châtelet l'opulence de ce
pardessus fourré d'astrakan que lui offrit
jadis, à l'issue d'une audition de *Sainte
Rose de Lima*, un groupe de mélomanes
enthousiasmés. Faites de bonne musique,
jeune gens, sic itur ad astrakan.

Comme le disait Louis-Philippe aux délé-
gations de la Garde nationale, « c'est toujours avec un nouveau plaisir » que j'ai réen-
tendu la *Ballade symphonique* de Chevillard,
(« auteur tout enflammé de belles audaces »
d'après Bruneau qui, lui, ne s'enflamme
jamais), puissamment dirigée par papa
beau-père. C'est orchestré d'une façon charmante. Mais pourquoi, ô Monsieur Gendre !
nous faire de la musique à programme sans
programme ?

Enfin, voilà Mme Materna, aux appas redou-
tables ! Elle nous dit *la Toute-Puissance* de
Schubert, et disparaît. Vient alors *Siegfried
Idyll*, exécuté avec une perfection dont vous

tillerie instrumentale sera tout en haut de l'estrade, face au public, ses coups de mitraille éteindront toutes les autres voix. Au Cirque, quand le motif du Walhall fait son entrée, « passé aux tubas », comme disent les gens de police, il me semble que je reçois Louis Besson sur la tête. J'accuserai aussi les violons de ne pas avoir assez d'attaque dans les batteries qui constituent le *Feuermotiv*, et le patron de prendre un peu trop vite le retour du thème des *Rheintôchter*, dans le ton de *si bémol* (*Des Rheines schwimmende Tôchter*). Mais qu'importent ces détails ! Quand le dernier accord de *ré bémol* a tonné dans le Cirque, je n'ai pu y tenir : oubliant la réserve que m'imposent et mon sexe et mes fonctions, j'ai joint mes petites mains applaudisseuses aux formidables battoirs de Poujaud et de Messager — *Arcades ambo*, comme dirait l'humaniste Benoît. Ivre d'enthousiasme, le bon poète Henri de Régnier casse son monocle, et ce bris fait étinceler de ment son chapeau, qui est mou, à l'égal de ses convictions wagnériennes. Eh ! dis donc, ténorisant (quoique enrhumé !) ne pourrais-tu me chanter quelque jour cette mélodie Fannyculaire[1] que tu interprétas l'autre soir, salle Pleyel, en chaussettes blanches et escarpins vernis ?

Oh ! la splendide scène ! Comme on y devrait traîner les batraciens de la critique ! Il y a là des beautés tellement évidentes, que le plus Vitu de tous les Kerst ne les saurait nier. La grosse Materna y a été sublime, et le patron s'y est distingué pour sa part, ainsi que ses cuivres, les trombones à tout faire aussi bien que les tubas. Je pleure toujours à penser que la voix est écrasée par l'orchestre, tandis que, *là-bas*, on ne perd pas une syllabe ; mais qu'y faire ? tant que l'ar-

[1] Il n'est peut-être pas inutile d'expliquer que l'Ouvreuse veut ici faire allusion à une remarquable mélodie de M. Julien Tiersot, sous-bibliothécaire au Conservatoire, intitulée *Fanny*, et interprétée par lui, salle Pleyel.   (*Note de l'Éditeur.*)

parer les mérites divers de Mmes Materna, Sucher, Malten ou autres, j'ai été simplement enchantée, ravie, transportée au *septième siècle*, comme disait Charles Lalou.

Mais d'abord, apprenez que la *Symphonie en fa*, du vieux Ludwig, a été fort bien exécutée. Œuvre étrange, délicate et joyeuse, d'une rare perfection, et qui se présente comme un repos, une halte de pure musique (pardonnez à ce style !) entre ses deux éclatantes voisines, la *Symphonie en la* et la *Neuvième symphonie*. Rien n'existe qui soit plus souriant, plus noblement achevé, d'une écriture plus élégante et plus généreuse en même temps. Le public réserve trop volontiers ses bravos pour les 81 mesures du *Scherzando*, si fin et si spirituel, transformation d'un petit canon dédié à Maelzel, celui-là même dont notre Patron a avalé le métronome (il l'a, d'ailleurs, remarquablement digéré). C'est le *Tempo di minuetto* que je préfère, dussé-je paraître vieux jeu à Pierre de Bréville — ironique joie les yeux trop spirituels de celle qui daigne accompagner Vanor aux musicales vesprées.

Le concert a fini par l'ouverture du *Freischütz*, cet immaculé chef-d'œuvre, exécuté avec une intelligence de mouvements plus sûre que l'autre fois. Cela m'a fait plaisir : je ne me soucie guère de formuler des remarques pour une vaine satisfaction d'amour-propre, mais pour la réputation de nos chers concerts et de leur chef bien-aimé. C'est mon patriotisme, à moi, mon patroniotisme si vous voulez.

Chez Édouard, la *Jupiter-Symphonie* (pourquoi Jupiter ?) n'a été que médiocrement exécutée, à l'exception de l'Allegro vivace qui, lui, a été saveté d'une façon indigne. Pendant le beau finale fugué, une demi-douzaine de ces petits calicots ambitieux, musiciens de raccroc qui mériteraient d'être fessés avec leurs chanterelles grinçantes, ont bafouillé lamentablement.

Oh! le plaisant projet d'Édouard qui, désireux de nous faire entendre un peu de musique russe, délaisse Glazounow, Borodine,
Rimsky-Korsakoff, et s'en va choisir Childe-
brand Tschaïkowsky! Sous prétexte d'un
concerto de ce Moscovite piteux, le nihiliste
Sapelnikoff a exercé des sévices graves sur
un piano à queue, sans être touché des protestations bruyantes de la victime. Pourtant
il a plutôt l'air bonasse, ce gauche blondin
au cou dans les épaules, aux cheveux mal
taillés à la séminariste « qui s'appelle Nikoff »,
comme disait l'incorrigible Willy. Mais
quelle écœurante olla-podrida, sans caviar,
hélas! ce Tschaïkowsky de malheur avait
chargé son compatriote de nous faire avaler!
on eût dit du Benjamineff Godardsky : des
motifs étriqués, d'une fausse élégance de
garçon coiffeur, noyés dans une sauce pré-
tentieuse et longue, auxquels succèdent ino-
pinément de grotesques tintamarres chaudro-
noïques dont Sophie Menter aux cheveux

inouïs, Holmès assoifée de fracas, Paderewski sinistre et glacial, Roger-Miclos, Pfeiffer, Diémer, et toute une redoutable légion de pianistes applaudissaient les invraisemblables charivaris. Enchanté de ces bravos, l'opérateur se levait toutes les cinq minutes, plongeait en avant, à gauche, à droite, une main sur son cœur, puis recommençait à maltraiter son Érard en tâchant de rattraper l'orchestre qui ne l'attendait pas, sans doute pressé d'aller dîner en famille.

C'est dans les *Jocrisses de l'Amour*, je crois, qu'une fleuriste répond au vieux monsieur de rigueur: « Votre broche, je la refuse comme bijou, mais je l'accepte comme sentiment. » Ainsi des inspirations tschaïkocasses; partisan de l'alliance russe, je les tolère, mais porter de ces broches-là, jamais !

Grâce à Paul Braud, reconnaissant envers le maître qui lui a fait remporter un si beau succès lors de son dernier concert, et à sonl ami Paul Fournier (le Paul Nord et le Pau

Sud, comme on les appelle), grâce à Pierre
de Bréville, dont l'enthousiasme illimité
dépassait encore celui de Le Borne (quand Le
Borne est franchi il n'est plus de limites), à
Georges Vanor qui a quitté le Cirque pour
amener un instant chez Colonne une adorable
brune aux courts cheveux calamistrés, grâce
à Bruneau fils, à Lerolle, grâce à la petite
camarade de Willy qui se réveille à chaque
pause pour se réchauffer en applaudissant, le
public s'est laissé entraîner, et Franck, père de
Psyché, rutilant de bonheur dans sa loge, a pu
entendre d'unanimes et prolongés bravos
saluer son apothéose, la seule partie dont je
ne sois pas folle, d'ailleurs, en raison de son
gounodage trop marqué.

Ce n'est pas à la modestie de ma petite
camarade du Châtelet que l'on pourrait
demander des renseignements techniques sur
Psyché. Tout au plus oserait-elle faire remarquer, timidement, avec quel louable parti
pris le maître confie à l'orchestre seul le soin

de représenter Éros et son amante, pour leur conserver le caractère tout idéal que le rôle purement épisodique des voix ne fait qu'accentuer. Jamain, un ancien élève de Franck, expliquait à quatre profanes combien est délicieuse la phrase descriptive du premier morceau, avec sa chute sur un accord mineur, particulière à César. J'ajouterai, pour faire montre à mon tour de ma petite érudition, que le second épisode de la première partie est construit avec un fragment des *Éolides* que nous avons jouées, la première année de nos concerts au Château-d'Eau. Ah ! ce n'est pas hier ! Le patron avait alors de belles audaces !...

2 mars 1890.

XXI

Monsieur le Directeur,

C'est une ouvreuse agacée, énervée, qui
vous griffonne ces lignes rageuses. Le patron,
les p'tits bancs, les snobs, tout m'importune ;
les snobs surtout, qui ont osé prétendre que
trois heures de musique, c'était trop pour
leurs estomacs débilités. Notre orchestre a
bien fonctionné d'ailleurs. La trilogie picco-
lominutieusement travaillée par Vincent a
été mieux exécutée encore que de coutume,
avec les variations de mouvement désirées
par l'auteur dans la troisième partie.

Ce faux roux de Paderewski — la perruque
de Rochefort sur la tête d'Henri IV moins la
barbe — représente assez bien le pianiste
tel que le décrivait Balzac. Mais quelle épouvantable habitude ont ces pâles tripoteurs
d'ivoire, élus au scrutin de Liszt, de nous
assassiner de leurs grotesques compositions?
Après Rubinstein, *nein!* après Paderewski,
merci! A côté de son édité Bellaigue dormait
le bon Delagrave, et son paisible ronflement
faisait une résonnance digne de son nom. Mais,
en dépit des « chut » énergiques sortis de tous
les poils de la barbe de Poujaud, le tortion-
naire continuait à sévir, l'œil fixé sur les dents
de Diémer, prêtes à remplacer les touches fra-
cassées de l'Érard en détresse. La première
partie s'est terminée sur une gamme descen-
dante, aux furibondes octaves, qui a fait sourire Bagès (il ne faudrait pas appeler Garnier
Bagès); la troisième, odieuse de vulgarité, de
vide, de petites flûtes stridentes, a ravi tout le
Gotha du clavier, de la princesse Brancovan à

la vicomtesse de Trédern, sans oublier les Grandval, Legoux, de Guerne — toute la lyre !

Enfin, voici le salut enthousiaste aux voûtes de la Wartburg, lancé par Materna-Élisabeth (du Gévaudan), plus colossale encore que dimanche dernier — une Alboni mâtinée de Thérésa — mais quelle âme d'artiste ! Elle jette un coup d'œil amical à la Krauss, comme pour s'excuser de se faire applaudir dans cet air où la déesse de Reyssouze a récolté tant de bravos... « *Hodie mihi, Krauss tibi* », murmure Camille Benoît, incomparable poseur de latin.

Après Wagner, Haendel, car nous voulons montrer que le classique d'hier nous réussit aussi bien que le classique de demain. Point, ma chère ! vous avez tort de distiller cette rogue musique de *Colonne Macchabée* avec ces minauderies de bonne ogresse, et ces petits bonjours dans la salle. Je ne parlerai pas de la *Götterdämmerung*, car la géante y est sublime et le patron supérieur, quoiqu'il ait

10.

conduit un peu raide cette fois, et qu'il y ait certain *Entsagungsmotiv* qu'on ne distingue pas très bien au-dessous de l'*Alberichsfluch* (*das Euch zum Unheil geraubt*).

Un monde fou ! Paul Braud, qui, devenu Franckiste par reconnaissance, fait au maître une réclame prodigieuse et crie dans les cafés, quand on lui sert un bock : « La bière est vide, alors c'est que Franck est vivant ! » Non loin de Camille Bellaigue — qu'une conférence sucrée, *quite too too*, sur Grétry, a rendu le chou de Bruxelles, — voici Chevillard, plus aimable que... (mais ne brouillons pas les familles !), puis Chausson, sa *Tempête* sous son crâne : il semblait tenir en lisière le beau brun qui, seul de toute la salle, n'a pas applaudi *Wallenstein*... J'ai nommé d'Indy. Autre brun, Saint-René-Taillandier, profitant de ce qu'il n'y avait pas vêpres à Saint-Germain-en-Laye... Qui encore? Debussy, qui jette l'engrais de sa musique sur les *Fleurs* de Baudelaire, Delsart et sa mèche, Mariotti, Bonheur, Hüe, de Bréville

Il m'a semblé voir aussi Le Maréchal, critique plus doux que le Niel envers les paladilhes qui s'amusent à recommencer *les Huguenots*, féroce pour les chercheurs de la nouvelle école. A déclaré jadis qu'il trouve dans Wagner « un abus des sonorités qui lasse l'attention » et a condamné la *Chevauchée des Walkyries* sous prétexte que « cette musique guerrière a dû (!) enflammer les Prussiens quand ils pénétraient comme des nuées (??) par la trouée des Vosges. » Quitte ce souci, fils d'Adam (Mme) et ne fais plus dire que, grâce à toi, le *Soleil* a des taches.

Nos jours sont comptés, monsieur le Directeur. Bientôt le Cirque aura fermé ses portes, et le Châtelet ne tardera pas à suivre son exemple. Il faut que je reprenne un dessein trop longtemps ajourné; ce sera d'ailleurs combler les vœux d'un ami bien cher[1]...

[1] Nous croyons savoir que M. Camille Benoît, dans une lettre confidentielle à l'Ouvreuse, avait exprimé

Aujourd'hui, c'est l'immense Vitu qui s'impose à mes rêves. Comment le peindre, hélas ! ce critique selon le cœur de Koning, cet érudit singulier, dont un rusé compère, celui qui a posé, sans le savoir du reste, pour le Lavaux de *l'Immortel*, vantait « l'encyclopédique ignorance » ? M. Auguste Vitu, dignement continué, m'assure-t-on, par son fils (connu sous le nom de *Vitulus Augustule*), est extrêmement amusant lorsqu'il reproche à M. Zola d'avoir un égal mépris « pour la grammaire et la morale » ; il l'est encore lorsqu'il explique les modulations musicales, et nous montre comme quoi la tonique *mi*, étant élevée d'un demi ton, devient forcément un *fa* naturel...

On ferait une anthologie d'un furieux comique en découpant avec intelligence les articles de M. Vitu. Je n'en veux rappeler

le désir de voir relever quelques-unes des bourdes que les intransigeants de son espèce prétendent trouver dans les magistrales analyses de nos plus éminents critiques. *(Note de l'Éditeur.)*

qu'un ou deux. Bien qu'une pauvre ouvreuse n'ait pas grande compétence littéraire, je tiens à vous citer le compte rendu de *Sapho* (*Figaro* du 19 décembre 1885) comme spécimen de galimatias double et de prud'hommesque bafouillage. J'y trouve « des compromissions vénéneuses cachées sous des amours sans frein... », et surtout cette phrase épique : « Sales bêtes ! s'écrie *la fille du peuple*, retrouvant *le langage du ruisseau où l'enfanta son père, le cocher de fiacre, pour exhaler sa rage...* » Pour un futur académicien (car c'est un songe que l'on caresse volontiers autour de lui), ça n'est vraiment pas mal ! Mais voici le feuilleton sur *Lohengrin* (*Figaro* du 4 mai 1887), une merveille ! Charitablement averti par Robert de Bonnières et Magnard qu'il n'eût pas à découvrir un chef-d'œuvre connu et admiré depuis trente-cinq ans sous peine de devenir la risée universelle, l'érudit jura d'éblouir tout le monde par sa science, son goût et la beauté de ses vues. Il y réussit aisément; jugez plutôt:

Le « livret » de *Lohengrin*, nous dit-il, a été tiré par Wagner « d'un poème du XIII⁰ siècle attribué à Wolfram d'Eschenbach, qui lui-même avoue s'être inspiré d'un troubadour provençal nommé Guiot ou Kiot, etc. » (Le pauvre ! il a confondu *Lohengrin* avec le *Parcival* de Wolfram !) Il ajoute un peu plus loin : « Arrêtons-nous sur cette pente.... » (J'te crois !).

« L'œuvre s'annonce par un prélude en *la* (majeur, Auguste ! tu faiblis), dont les quatre premières mesures (non, mon ami, pas les quatre premières) servent de thème au prélude lui-même... Ce morceau progresse jusqu'à un *tutti* formidable *où se mêle le son des grandes orgues* (Oh ! la la !)... Elsa décrit sa vision dans une *romance* en *la* bémol.... Cet adieu (l'adieu au cygne) est chanté par Lohengrin *sur* un court *arioso* auquel s'enchaîne un chœur FUGUÉ d'un dessin mélodieux »...., (et il prétend « avoir fait ses classes » ! !) Il trouve que la phrase initiale de la prière rappelle celle de Sarastro dans la *Flûte enchantée*…. A la première scène du deuxième acte, il critique « le système du *tout à l'orchestre* » (exquis !). Il déclare que « le duo d'Elsa et d'Ortrude est énorme » (pas tant que toi) mais en goûte « la *strette* finale » (?). Il parle du duo d'amour dont le motif (il n'y en a donc qu'un ?) se reproduit « successivement par sept ou huit tonalités différentes » (! ! !).

En voilà assez pour aujourd'hui, n'est-ce pas, ô mon cher Directeur? Mais ne pensez-vous point que l'on pourrait arriver à faire quelque chose avec le public, si les critiques n'existaient pas ?

Une Ouvreuse du Cirque d'Été.

P. S. On me signale, au Châtelet, l'alme présence de l'inclyte poète d'*Ancœus*, Francis Viélé-Griffin ! Il a ostensiblement sifflé, non l'ouverture de *Tannhäuser*, mais la façon dont elle a été exécutée.

U. O. D. C. D. E.

9 mars 1890.

XXII

On ferme ! on ferme ! Il faut déposer le
gentil bonnet rose, tout perdre à la fois, Wagner et Beethoven, les prouesses du patron,
la vue même des disciples de Franck. Hélas !
les lauriers sont coupés ! comme disait, en
des temps meilleurs, l'Édouard Dujardin, à
l'âme décadente, tout ensemble, et épicière.
Ah ! ce dernier concert ! J'aurais voulu qu'il
ne finît pas.... Je m'enivrais de musique à
longs traits, le cœur à l'ai-ai-ai-se. Ce fut
d'abord la *Symphonie en la*, merveille incomparable, dignement exécutée, sauf le premier

morceau. Puis vint Materna, en robe de satin broché rose crevette, semblant plus grosse qu'en sa robe noire de dimanche dernier, qui nous chanta une mélodie extrêmement vieux jeu, mais élégante et jolie, de *Rienzi*. Court intermède : l'ouverture d'*Attila* — Holà ! — de Salvayre, sans doute composée pour ceux d'Henri de Bornier... C'est à cent pieds au-dessous de zéro... Il y a surtout certains unissons de trombones à faire crever de rire les Huns et les autres, sans parler des élans du quatuor que je qualifierai volontiers de sternutatoires. Malgré la température élevée, un silence glacial a accueilli cette manifestation dont le patron, vrai ! n'aurait pas dû accepter la responsabilité ! Il faut avouer cependant qu'après avoir accueilli Benjamin... Et puis, circonstance atténuante, il s'est arrangé de manière à ne pas pouvoir en donner une seconde audition !

Toute la phalange du promenoir, déjà

presque au complet pour le décès de Salvayre d'Egmontsoreau, s'est massée pieusement autour de d'Indy quand Mme Materna a reparu sur l'estrade.

Il y avait là d'abord von Blowitz (*a bove principium*), Paul Vidal, musicien pour pantomimes, chéri par Bouchor à l'égal de Bach, et dont un sourire éginétique retrousse la lèvre quand il entend parler de certaine œuvre mallarmiste mise en musique (rien que des flûtes et des harpes); Poujaud, plein de componction; Bagès, à la fois frais et languissant, rose et vanné; le roi de nos jeunes *mashers* qui semble avoir comme son maître « l'âme d'un séraphin », Pierre de Bréville; Tiersot, à la barbe bifide « comme celle d'un serpent »; le gracieux Viollat, l'aimable et chevelu Savard, et bien d'autres. Aux secondes s'agitait Ernst, ruisselant d'enthousiasme et de sueur, non loin du facétieux Fernand qui se fait annoncer, dans les salons gobeurs, sous le nom de maestro Trovati (*si non è vero, è bene trov...*) et, à l'abri de ce faux nez italien, fait applaudir ses œuvres par des invités qui se refuseraient à les entendre, signées Le Borne ; puis le peintre Bussierre [1], le fauve Jacques Froissart. (*Et des baisers, et des baisers, et des baisers!!!*) poète lyrique vivant de son état. Aux loges, j'ai remarqué Chevillard, Henri de Regnier, lorgnant d'un air de décadence *distinctly precious* les enthousiasmes ambiants à travers son monocle vide de cristallinité oculaire ; aux premières, cet excellent Georges dont le *R-hue-bezahl* semble tiré à Hüe et à Diaz, sans, pourtant, mériter la flétrissure de « saleté musicale » que lui lança Wilder, un jour où le faro se digérait péniblement. Et l'assommant grincheux Adolphe Jullien, wagnérien ou se croyant tel, qui n'en a pas moins effarouché les bons

----

[1] Né à Cuisery (Saône-et-Loire), élève de MM. Cabanel et Puvis de Chavannes ; 12, rue du Moulin-de-Beurre.   (*Note de l'Éditeur.*)

vouloirs les plus sincères par ses attaques
hargneuses contre toutes les tentatives, car
il n'a rien épargné... sauf l'inepte *Plutus* du
sieur Lecoq dont il a longuement vanté « la
touche délicate ». — Pourquoi ? — Rappe-
lons que l'on doit à cet ours, pas léché du
tout, la révélation du suicide d'Élisabeth
dans *Tannhäuser*, et quelques autres trouvailles de ce tonneau. Mais la plus belle,
c'est celle qu'il a déposée en bas de page de
son indigeste compilation, à propos de
Wagner, qui, tout en écrivant sa musique,
étudiait Schopenhauer : « Quelle salade ça
devait faire dans sa tête ! » Non, cerclez-
moi ou j'éclate, Adolphe, car la tour (pas
votre collaborateur Fantin), la tour Eiffel
n'est, à côté de celle-là qu'un simple cure-
dents.

Le prélude de *Tristan* a été magistrale-
ment exécuté, et enchaîné, comme Wagner
l'a voulu, à la *Mort d'Iseult*, ce qui n'empêcha
pas, l'an dernier, un jeune sous-Reyer trop

naïf de dénoncer ce raccord à l'indignation des fidèles — inutile de dire qu'il fut, pour cet excès de zèle, ramené vivement dans le rang par son brusque sous-off. Quant à ce cantique d'Iseult mourante, c'était divin ! la progression sonore m'a paru bien plus pondérée qu'autrefois ; seul, le gruppetto de la *Liebesverklärung* ne se détache pas assez de l'enchanteur bruissement de l'orchestre. Materna et le patron m'ont ravie : j'aurais voulu les embrasser l'un et l'autre (j'imagine que c'est au patron surtout que cette étreinte aurait fait plaisir)...

Certes, elle est bien, cette ouverture pour *Faust* ! Seulement, encadrée par *Tristan* et la *Götterdämmerung*, elle semblait forcément un peu pâle, « comme la Législative entre la Constituante et la Convention », disait ce vieux serin de Perrens. Mais un frisson parcourt les gradins, l'émotion serre les cœurs, l'estrade fléchit, Brünnhilde apparaît. Sublime, vous dis-je : jamais l'obèse Walkyrie

n'a été plus en voix. Et emballée ! — comme
Gouffé. L'orchestre, électrisé, faisait des
prodiges ; Charl... non, le patron ! soulevait
d'un bras vainqueur la tempête instrumentale, et les thèmes éclataient ! La fanfare de
Siegfried sonnait en trompettes étincelantes
sous le sifflement vertigineux des cordes, et
la *Liebeserlösung,* toute blanche de pure lumière, planait sur les rouges nuées ou s'é-
croule le Walhall. Mon petit sein d'ouvreuse
palpitait éperdûment, en le voyant, Lui,
notre maître redouté, si dédaigneux en
apparence des remarques qu'on se permet,
modérer de la main la fureur de ses tubas,
élargir les mouvements là où il convient,
mettre dans l'interprétation de cette formidable musique, avec la précision dont il est
coutumier, l'intelligence dramatique, la chaleur, l'*âme* dont il est parfois un peu avare.
Ovations indescriptibles. Grande lutte à
mains plates entre le Métronome impavide
et la Chanteuse-Cannon. Elle voulait l'en-

traîner avec elle au bord, non de l'abîme,
mais de l'estrade. Avec une modestie de
jeune vierge, il s'efforçait de résister à ces
aimables efforts, mais il n'était pas de taille,
et, après de dramatiques péripéties auxquelles la salle assistait, haletante, c'est la
Materna qui l'a emporté (sans métaphore). Il
a été enlevé à la force du poignet et a dû,
pour une fois du moins, venir prendre sa
part des applaudissements et des bravos.
Paul Vidal contemplait ces enthousiasmes
d'un œil un peu désabusé, avec un scepti-
cisme, on eût dit, déjà vieilli. Faut-il donc
croire, comme l'insinuait ce bel Arbi de Poujaud (qui bêchait ferme *Ascanio* en compagnie d'Ernst, à la première), faut-il croire que
les années de cantate comptent double ?

Après le concert, « un groupe de musiciens et d'admirateurs », comme dit Kœchlin,
ont offert à Mme Materna un petit flacon de
jaspe, « parce qu'elle a bien jaspiné », disait
à Willy Willa (Vitiosa). Triple-sec, plus ins-

truit, nous apprend que le jaspe a été choisi
parce que « c'est la pierre dont était fait le
Saint-Gral ! » J'admire cet érudit « bien
informé » qui ne sait pas que la plupart des
bons auteurs font le Gral d'émeraude, et que
Wagner l'a voulu tout simplement, comme
la voix de la Materna, de cristal.

Un cruel accident m'enlève ma petite camarade du Châtelet ; je ne la verrai plus ; la
honte l'a dévorée. C'est à la suite de l'exécution de *Roméo et Juliette* — fabuleusement
foraine en dépit d'une répétition poussée jusqu'à deux heures — qui a scandalisé même
les plus jobards des Colonnophiles. A la fin
de la première partie, deux cors (Dieu ! que
leur son était triste au fond des hautbois !)
se sont mis à mugir lugubrement. On les regarde ; on plaint ces malheureux que, sans
doute, un deuil de famille... Livide, Édouard
s'arrête, fait doubler le motif, et, à l'entr'acte,
il sanglote : « Mesdames, Messieurs, on a

l'habitude de réclamer pour les chanteurs une indulgence que le public ne refuse jamais ; je la demande pour mes cuivres ; ces deux instrumentistes sont malades et ont voulu jouer *par* leur dévouement inaltérable à l'art. Je vous supplie d'agréer mes excuses. » O ma mère !

Dans la salle, outre les Massiacs coutumiers, Vallombroso, Poniatowski, Vanor, tricycliste malchanceux (*Quo non descendam !*), sa mignonne amie, en cheveux courts frisés, avec une tunique qui fera la mode, ressemblait à l'un de ces jeunes grecs, trop jolis.., mais je ne vais pas vous citer de l'Anacréon, peut-être !

16 mars 1890.

XXIII

O tristesse du renouveau ! Sous les arbres
des Champs-Élysées constellés de pousses
smaragdines, passent des « tendresses » en
robes claires, dénonciatrices du printemps ;
sollicités par les caresses de la brise, les lilas
s'entr'ouvrent, peureux ;... hélas ! les violons
muets reposent dans leurs petits cercueils
d'enfants, les soupirs des hautbois ne char-
ment plus nos âmes, les cuivres héroïques
font silence, et le cor sommeille dans la forêt
de rêve où l'écouta Weber. Lugubre fin de
mars ; Pascal disait vrai, ce mois est haïssable.

Puisque l'arène du Cirque est déserte et la féerie des musiques divines évanouie, pourquoi ton Ouvreuse ne brise-t-elle pas sa plume, Patron sévère mais injuste, sans l'espoir de te voir ébarber fébrilement — comme tu le faisais d'un geste nerveux, si drôle ! — ton numéro d'*Art et Critique ?*[1]. Pourquoi ? Pour te donner la joie de voir dauber ton ami Édouard. Je suis sûre de ta bienveillante attention, cette fois encore. A moi l'éreintement de la concurrence ! J'y veux consacrer les restes d'une voix qui tombe et d'un bonnet rose qui déteint.

Dimanche, donc, je fus ouïr le *Roméo et Juliette* de notre vieil Hector. Tu ne me croirais pas, mon maître, si je te disais que la tristesse de Roméo, la fête chez Capulet et la scène d'amour sont exécutés là-bas comme chez nous. Mais parlons du prologue. Où

[1] Nous croyons devoir rappeler qu'un certain nombre de lettres de l'Ouvreuse ont paru dans la revue *Art et Critique*.   (*Note de l'éditeur.*)

diable ce Colonne va-t-il recruter ses choristes? A quel mastroquet sont empruntés ces ténors gavés de pernicieux piccolos échappés aux griffes de la loi *idem*? De quel Mont-de-Piété fantastique retire-t-il des basses aussi défraîchies? Et ce pauvre Mauguière, qui, jadis, chanta chez toi le jeune matelot de Tristan, avec quelle morne anxiété il continue à chercher sa voie — ou sa voix : comme tu voudras. Quelle sottise de confier à l'interminable Berthe de Montalant (rien de celle qu'on arrête) les adorables strophes *Premiers transports que nul n'oublie!* quand il faudrait un contralto, un vrai, un de ceux que Gailhard ne possède plus depuis le départ de Richard-Voix-de-Lion, capable de donner à la mélodie vocale la chaleur passionnée, la pénétrante langueur que voulut Berlioz. Déplorable, l'exécution de la rixe au cours de laquelle les trombones, sans doute travaillés par les effluves printaniers, ont vagabondé trente secondes, forts de l'inatten-

tion d'Édouard, à leurs rixes et périls; et
l'on a trouvé bien longue à venir l'arrivée
du prince qui met fin à ce charivari. (Entre
nous, d'ailleurs, ce récitatif des cuivres m'a
toujours semblé difficile à digérer.) L'incomparable *Convoi de Juliette* a été dit d'une façon
médiocre, assez confuse, surtout dans la seconde partie où le chœur a couvert sans ver-
gogne la plainte monotone de l'orchestre.
Enfin, Auguez m'a peinée. Cet honnête et
consciencieux chanteur, qui a du talent,
même de la voix, a savonné son père Laurence au point de lui mériter les prénoms de
Jean-Paul. Puis, empoigné d'une frénésie
soudaine, il s'est pris à meugler désespéré-
ment le *C'est moi qui les ai mariés!* à meugler,
vous dis-je; ce n'est pourtant pas Laurence
des vaches. Je note, en passant, la subtile
remarque du républicain Chausson qui fait
constater à son voisin quelles déplorables
conséquences eut pour Roméo et Juliette ce
mariage religieux illégalement célébré avant

l'autre. Il est vrai que Christophe Colomb n'avait pas encore découvert la mairie...

Pendant l'entr'acte, j'ai vu Ernst qui prend des notes fiévreuses pour un immense article (Dieu sauve *la Paix !*) Dans les couloirs, Tiersot rit de la stupéfaction de Kœchlin qui a déclaré « inexplicable » — en pleins *Débats* — l'omission de la scène des Tombeaux. Certes, elle est poignante, et à ne la considérer qu'au point de vue technique, très curieuse par l'emploi des thèmes de la scène d'amour déformés, pour ainsi dire, mais Colonne a cent fois raison de ne pas la donner, puisque ce pince-sans-rire d'Hector (dans une note de la grande partition que Triple-sec pourrait consulter) conseille aux chefs d'orchestre de supprimer cette scène si leur public manque d'imagination. Édouard connaît son monde.

Cet homme sombre, tout là-haut, qui se fait petit, qui se musse, qui disparaît, craintif, je ne l'ai pu distinguer : on m'affirme

que c'est Mallarmé. Lui! Là, Stéphane —
abdiquant le Cirque qui, parmi tant d'arbres,
cabre à son fronton une enseigne équestre,
signe de l'ordinaire spectacle intérieur, à qui,
pour un temps substitué, nuisit, en l'ex-
cluant, un intermédiaire et supérieur prodige
instrumental — résigne à des fanfares non
plus éparses en une orbiculaire vacuité, mais
d'un face à face théâtral en une bouffée trop
directe, issues, sa rêverie... Je vois encore
l'aimable Lionel Meyer, descendu, j'imagine,
d'un conclave de cardinaux rusés et rasés,
peints par Vibert; et Le Borne (prière de ne
pas mettre d'accent aigu sur l'*e* final), qui
semble amusé des incorrigibles exubérances
de Colonne; le fait est que ce capellmeister
épileptique semble prendre à tâche de ressembler au docteur Miracle, tandis que le
Patron, plus posé, rappellerait plutôt le docteur Pierre.

L'entr'acte se prolonge; j'en profite pour
savourer un numéro du *Petit Journal*, vieux

de la veille, où l'on m'a signalé le compte rendu
tout à fait malbâti, bossu et ascagneux du
dernier opéra de Saint-Saëns, dû à Léon Kerst.
Encore un de ceux que j'abomine, ce type
du critique ignorantissime, qui prétend en
musique, en littérature, en tout, et n'entend
rien à la musique, rien à la littérature, rien
à rien. Le pauvre se prend pour un fin
connaisseur et le répète à tout bout de chant,
sans se douter que sa prose exhale la
même odeur que les lambeaux de Richebourg
ou de Montépin jetés en pâture par les
patrons de son *Petit Journal* aux habitués de
leur rez-de-chaussée. C'est le Jules Lemaître
des concierges, le Pessard des gâcheurs de
plâtre. Avec cela, d'une grossièreté à lui
mériter une place sur les voitures de la
Compagnie Lesage, ce qui lui a déja valu
quelques renfoncements sérieux. Son article
sur le *Lohengrin* — car c'est à cette occasion
que tous nos critiques battirent leur plein —
atteignit des hauteurs d'ineptie à fatiguer les

ailes de l'aigle. Celui qu'il perpétra sur *Ascanio* ne vaut guère mieux. Le bouffon de la chose, c'est la façon galante dont il se pose en Chevalier de la Triste figure pour défendre Dulcinée Saint-Saëns qui se passerait fort bien de ce Don Quichotte à la Manque! En style d'équarrisseur, il attaque les jeunes gens qui se permettent de juger *Ascanio* ennuyeux « du haut de leur col cassé » (à toi, de Bréville!). Il me semble que, du haut de son faux-col crasseux, l'étonnant Kerst pourrait montrer plus de modestie. Après ça, puisqu'il est gobé par Marinoni, grand-croix de la Légion d'honneur!...

Ne parlons pas de Besson! Le sujet est vaste, mais on l'a déjà beaucoup pioché. Puis, ne trouvez-vous pas que le corpulent Pansegrosse, ce Maternus des journalistes, relève de la critique moins que de la zoologie, voire de la tératologie? Oh! l'étonnante phalange que celle de nos aristarques musicaux! La race des Scudo n'a pas dégénéré.

Je me rappelle encore les polissonneries de
ce vieux pitre d'Albert Wolff, le skoptzi du
Figaro, lorsque *Parsifal* fut annoncé à Bayreuth, et les explications de Flor O'Squarr
sur la *Walküre* à Bruxelles, avec le motif de
Hunding donné « par les cornets à piston »,
et l'article de l'innocent à qui l'on doit cette
découverte, que le manque d'homogénéité
orchestrale de Reyer provient de sa façon
« de répartir l'air entre les éléments sonores »,
et les innombrables trouvailles plus saugre-
nues les unes que les autres de l'inventive
carpe éolienne ! Mais voici du nanan : une
étude de notre cher Camille,[1] dont je vais
vous montrer les principales perles... le bel
élégant à la barbe blonde (*suave rubens hya-
cinthus*, comme dit un autre Camille),[2] n'en
voudra pas trop à sa petite folle d'ouvreuse :
elle n'a pu résister au plaisir gourmand de

---

[1] M. Bellaigue. *(Note de l'Éditeur.)*
[2] M. Benoît. *(Note de l'Éditeur.)*

taquiner ce jeune prince de la critique, très
en progrès aujourd'hui, et qui, j'en suis sûre,
regrette quelque peu, bien qu'il ne l'a-
voue pas, ces lignes ineffables, datées du
15 mai 1885...

D'abord il se donne la joie mauvaise de
citer les vers Wildériens, que les abonnés de
sa *Revue* — (affadis par l'ingestion bi-men-
suelle du Poudding-Mazade et de la Panade-
Cherbuliez) — ont certainement attribués à
Wagner lui-même. Mais voici les fusées
d'esprit — un feu d'artifice dont il devrait
ruggieri, non, rougir ! — la jovialité, comment dirai-je ? des deux hémisphères, capable
de faire regretter cette « gaieté germanique »
qu'il exécute si allègrement : « Walther est
proclamé mari de Mlle Pogner devant tout le
petit commerce de Nuremberg... *Les Maîtres
Chanteurs* ou *le Bon Savetier*... Le premier
acte est le plus terrible ; les premières mesures, pourtant, sont intéressantes... Une suite
de mots notés *au hasard*... Voici les maîtres

dits *chanteurs*; toujours l'ironie!... L'air que chante Walther a de l'expression ; *tout le reste est un abominable chaos*... Bientôt on sonne le couvre-feu, *complainte lamentable dont la dernière note voudrait être comique et n'est que fausse* (!!!)... Qui n'a connu la torture d'Éva? Comme on comprend le cri de soulagement qui lui échappe lorsqu'elle a ôté son soulier!... La défaite de l'obscurantisme, voilà le sujet : à peu près celui d'*Excelsior*... Le vrai Wagner serait-il, comme le vrai choléra, celui dont on meurt?... Cette musique n'est pas seulement ennuyeuse, elle est laide... deux choses capitales lui manquent: le rythme et la tonalité... Entendre *les Maîtres* une fois, cela nous suffit pour ne plus vouloir les entendre!... »

Tu te convertiras, enfant terrible, pianiste folâtre, par qui Gounod, farceur âgé, voulut être béni, le jour de ta première communion! Tu t'es même déjà converti aux trois quarts. Tu n'écrirais plus aujourd'hui cette page malheureuse, tu n'apostropherais plus la statue de Weber à Dresde, comme tu fis, en 1886, devant quelques Parisiens médusés : « Au moins, toi, tu étais clair ! » Tu n'immolerais plus Wagner sur l'autel de Meyerbeer, plein de cette ferveur qui te valut, il y a quelque cinq ans, l'irrespectueuse réponse de Willy dans le *Gil Blas* : « M. Bellaigue doit pousser la Meyerbeerolâtrie jusqu'à chérir Litolff. On n'adore pas saint Antoine avec cette frénésie sans porter quelque tendresse à son compagnon... » Pioche ton *Lohengrin*, suivant la grande parole de de Ponchon, et ne sois plus assez étourdi pour lui comparer le *Faust* de ton cher maître.

Retrempé dans les eaux salutaires de la pénitence, relis *les Maîtres Chanteurs*, épèle les œuvres de César Franck. Alors tu courras à des destins prospères, et nous autres, lecteurs intermittents de la Revue Saumon, nous nous consolerons de Brunetière en savourant Bellaigue. C'est la grâce que souhaite à ses amis

L'OUVREUSE DU CIRQUE D'ÉTÉ.

On me dit avoir aperçu Henri de Curzon et Alphonse Daudet. Bien qu'il déclare, en toute occasion, mes *Lettres* « odieuses », le long et dolent archiviste-reyerolâtre ne mérite guère une mention spéciale, mais le Petit Chose.

Doué d'un incontestable talent sur le tutu-panpan, le *jeune* tambourinaire — il n'a guère débuté dans le professorat, à Sarlande, qu'en 1856 — parle volontiers harmonie ou mélodie. Même, il a tenu à préfacier je ne sais quel « Guide du parfait luthier », documenté mais embêtant, de Léon Pillault. Puis, dans chacun des romans du Dickens français, on fait de la musique, et de la bonne! Dans *Fromont jeune* on se gargarise avec « Ay Chiquita »; c'est une romance sucrée

de Massenet qu'on édulcore dans le *Nabab*;
les guzlas des *Rois en exil* ne se taisent guère;
le Rodin de l'*Immortel* chante... pouilles au
gobeur Freydet. Et de ce Roumestan, pas
moins, mélomane assez inconséquent pour
magaliser le duo de *Mireille* avec une acteuse
de boui-boui! En ce Rabagas bedonnant et
paillard devaient s'incarner — si le coup
du 16 Mai eût réussi — les ridicules du bas
radicalisme, et l'auteur se déclarait déjà
satisfait de la façon dont « venait » cette
satire antidémocratique où les immortels
principes de 89 étaient délibérément ba-
foués. Mais le Maréchal tomba; du coup, le
Numa devint légitimiste, tout en restant
grotesque. Quant à l'héroïne, adonnée à
toutes les vertus, elle prit immédiatement
une teinte libre-penseuse et républicaine.

L'entêtement politique fut toujours son
moindre défaut, à cet ex-royaliste, devenu
secrétaire de Morny, aujourd'hui gouverne-
mental, au souple écrivain des *Lettres d'un*

absent dirigées contre les outranciers malfaisants de 1871 avec une si verte franchise que l'auteur, assagi, mit au pilon ce compromettant opuscule.

Il est riche. Tous sont riches aujourd'hui : jusqu'à Ponchon qui salonne au *Gil Blas*, jusqu'à l'auteur de la *Chanson des gueux* dont le nom est devenu synonyme de Crésus, si j'en crois le dernier vers d'une romance pleurarde écrite à l'occasion de la loterie de Bessèges :

Fleur pour le richepin, pour le pauvre le rêve !

Jusqu'à Bloy qui songe à mettre des chaussettes ! Mais aucun ne peut lutter d'opulence avec ce Zola des familles, dont la fortune déjà rondelette sera, Goncourt décédé, « incalcuttable », comme disait Mercadet. Combien il doit rire, aujourd'hui, de la pitoyable dédicace qu'il inscrivit sur un exemplaire de l'*Arlésienne* : « A Coquelin, un Pas-de-Chance. »

Dumas fils cravache ses secrétaires :
Daudet se laisserait cravacher par eux ; son
bon garçonnisme sans limites autorisa
Hughes Le Roux à sertir dans *Tartarin sur
les Alpes* cette montépinade chatoyante :
« Muet, les bras croisés, Tartarin critique
tout haut... » Moins voyante, la collaboration
de Paul Arène resterait ignorée sans les ré-
vélations de cette bonne pièce de Mirbeau
qui désigna le félibre pointilleux du *Gil Blas*
comme ayant écrit certaines *Lettres de leur
moulin* : « le Curé de Cucugnan, les Vieux,
la Chèvre de M. Séguin, etc. », pas les plus
mauvaises...

23 mars 1890.

XXIV

« Cy finist la geste de l'Ouvreuse », comme
dirait Henri de Curzon, paléographe mélancolique. J'espérais pouvoir vous rendre
compte du concert spirituel, ou spirituel
concert (on peut intervertir...) qui sévira le
vendredi saint, à l'heure même où le bon came-
lot Ugène aboiera rue Montmartre le numéro
d'*Art et Critique* « qui vient d'peuraître »,
avec cet organe troublant qui semble une
combinaison du miaulement de Théo et des
éructactions de Baron. J'aurais ressenti quelque plaisir à demander au patron pourquoi,

en ce jour essentiellement maigre, il convie
le public à venir ouïr les vers d'un fripon
auteur de folichonneries grasses que je n'ai
jamais osé parcourir, même du bout des cils;
je lui aurais demandé comment il ose malé-
fiquement confier le drame sacré de la Passion
aux mains irrespectueuses et tripatouilla-
trices du Chambley de la *Légende des Sexes*,
sans crainte d'allumer le courroux de ses
ferventes abonnées de l'Almanach Gotha;
bon, s'il n'avait souci, comme Juda Colonne, que de satisfaire ses coreligionnaires;
ou s'il tenait seulement à complaire, en leur
exhibant Sarah (Sarah, pleine d'indolence, les
balance), aux sceptiques curiosités des ma-
quillées qui ne figureront jamais que dans
l'Almanach Gothon — *id est* l'indicateur
des grues de Paris. Bonne catholique, je
n'aime guère les concerts pieux, non plus
que les messes en musique d'ailleurs, et le
pur grégorien a toutes mes préférences; mais,
s'il fallait absolument fleurir de mélodies le

jardin des Oliviers, n'avions-nous pas la
Passion du grand Sébastien? Comme le disait
à Céard le blond Stoullig (qui a décoché dans
son *National* le plus galant compliment à
mes *Lettres*), l'occasion était belle de tailler
un petit Bach...

Hélas! un autre peut-être vous parlera de
M. Lamoureux; mais moi!... Figurez-vous
que, ce matin même, Ulysse Bessac, aux
moustaches suggestives, me vint avertir,
l'air triste, que j'étais mandée dans le cabinet directorial. Le Patron, debout, son joli
ventre de bouvreuil tendu en avant, m'attendait, avec, dans les yeux, une gaieté féroce, une gaieté de Cherokee (de la tribu
des Métronomes inéluctables), prêt à scalper
son ennemi à terre. « Ma chère enfant, —
sa voix sifflait entre ses dents serrées — je
suis obligé de me priver de vos services ».
Cramoisie jusqu'aux yeux, j'implorai une
explication qui me fut refusée. Il me repro-
cha vaguement je ne sais quelle causerie

avec Jane pendant l'exécution d'un morceau, je ne sais quelle prétendue plainte d'un abonné... Fable invraisemblable, qu'il ponctuait de petits éclats de rire mauvais. Éperdue, je voulus balbutier quelques dénégations, aussi indistinctes que les phrases de Tiersot, quand il s'emballe au cours d'une discussion musicale. Un geste guillotinesque me coupa la parole. Je sortis. C'est fini.

Moi qui me flattais de conserver à jamais cet incognito délicieux ! Moi qui m'esclaffais si joyeusement à voir les pistes extraordinaires suivies par les souleveurs de pseudonymes ! Lascoux comparait entre elles l'écriture des lettres que je lui ai envoyées et concluait à l'existence d'un syndicat de fumistes, têtes innombrables dissimulées sous le chapeau de Servières (écrivain « strictement observateur, mais pourquoi si grincheux ? » demandait Félix Fénéon dès 1886). Pour un juge d'instruction, c'est de la perspicacité. Heureux assassins ! Œdipe Benoît, chez la concierge duquel j'ai porté un mot — j'avais ce jour-là ma jolie robe vert réséda — donnait sa langue au Sphinx. Bonnier, Bagès, d'Indy complimentaient Ernst, qui protestait avec mollesse ; Georges Vanor, Chabrier et la plupart des critiques attachés (avec quelles saucisses !) à la presse quotidienne, faisaient honneur de ma modeste prose à Willy, qui se défendait sans acharnement. Et, toute guillerette, j'écoutais les hypothèses folles, les potins abracadabrants, les déductions inouïes, tranquille, confiante. Hélas! me voici sur le pavé, en rupture de ban, de petit banc, s'entend. Que devenir ? Henry Baüer me veut du bien, dit-on ; avec un mot de lui, j'essayerai d'entrer à l'Opéra-Comique, où règne l'incivil Noël à qui je proposerai d'épousseter chaque matin le buste de Mme Carvalho. C'est affreux, n'est-ce pas? Mais que mes jeunes amis se rassurent, mon cœur ne peut changer (*bis*). Quelle que soit la fortune contraire, quelque douleur

que me réserve le sombre avenir, je serai
toujours, pour eux et pour vous, Monsieur
le Directeur,

L'Ouvreuse du Cirque d'Été.

P. S. — Réponse honnête à qui me fera
savoir où Joris-Karl Huysmans passe ses
après-midi dominicales. Pourquoi nous dé-
laisser, lui, un wagnérien de la première
heure — ou du moins un entasseur de tropes
luxueux autour de l'œuvre de Bayreuth? Je
n'ai pas oublié sa paraphrase incandescente
de l'ouverture de *Tannhäuser* « prodigieux
et initial résumé de la babélique grandeur
des trois actes », et nul n'a su plus somptueu-
sement opposer au chant des Pèlerins « ado-
rant et superbe, mâle et probe, qui déduit,
l'épouvantable fatigue du pécheur descendu
dans les caves de sa conscience », les cris de
désir, « les appels de lubricité, les élans d'Au
delà charnel jaillissant de l'orchestre »;

j'arrête ma citation, car cet Huysmans célèbre la déesse du Venusberg en termes qu'une honneste ouvreuse ne saurait reproduire. — Outrancier exaspérant et délicieux! Le connaissez-vous? Un chat courtois, très poli, presque aimable, mais nerveux, prêt à sortir ses griffes au moindre mot; sec, maigre, grisonnant, la figure agile, l'air embêté... Ainsi lui-même s'est portraicturé en une autobiographie si câlinement ouatée d'indulgence qu'il dut la signer d'un pseudonyme minotier. D'autres croquis lui parurent moins réussis; par la trop fidèle description de son visage sardonique et crispé (mince masque, crevé d'yeux luisants, au nez en doucine, dominé d'une brosse qui s'apâlit) une de ces notules « dont seul Fénéon viola le rite » l'agaça prodigieusement — presque autant que l'ironique analyse de *Certains* [1] où

---

[1] Cette étude, exécutée par Félix Fénéon — graveur au pointillé patient et délicat —parut dans la revue que dirige Jean Jullien, un gars hirsute et ta-

l'on osa tarabuster les réactionnaires timidités de son esthétique. Il rit très haut de ces intransigeances, et s'en affecte.

Aux indigestes tartines pâte ferme pétries en son honneur par la *Grande Revue*, aux louanges effrénées de feu l'œsthopsychologue Hennequin [1], Huysmans préfère une phrase de Léon Bloy [2] : « Il traîne l'image, par les cheveux ou par les pieds, dans l'escalier vermoulu de la syntaxe épouvantée » que, volontiers, il répétait aux dîners de « la Banlieue. »

lentueux qui a fait la fortune de Stock, éditeur nautique.   (*Note de l'Éditeur.*)

[1] Le pauvre garçon dont on retrouva sur une berge d'Asnières « les éphébiques nus stellés de gouttelettes », comme disait Baju (ou quelque autre Anatole, il n'importe), incompétait en musique, formidablement. N'a-t-il pas exalté « les étranges et passionnantes et effrayantes mélodies où se hausse presque au génie le talent de M. Rollinat », ce Laurent de Rillé macabre, berrichon, prétentieux et nul ?   (*Note de l'Éditeur.*)

[2] Fétide polygraphe.   (*Note de l'Éditeur.*)

Gentils repas, m'a-t-on dit, ainsi nommés parce qu'ils se faisaient au cœur de Paris. Réunis autour des fallacieux rosbifs et des illusoires gigots cuits au four[1], qui développent les ferments du concubinage dans l'âme ulcérée des vieux garçons, une douzaine de littérateurs d'avant-garde écoutaient avidement les paradoxes misanthropiques de Joris-Karl, scandés d'une voix stridente et martelée qui faisait grelotter les vitres de la Taverne anglaise où le névropathe d'*A Rebours* chipota du Stilton. Devant la froideur distinguée de Bonnetain, les lèvres scellées d'un sourire poliment impénétrable; l'admiration éperdue d'Ajalbert, ce Raffaelli grassouillet du vers banlieusard; devant Geffroy rêvassant, l'œil vague, aux joyaux qu'il enfouit dans les caves de la *Justice*, l'Alceste impressionniste anathématisait le sentimen-

---

[1] Il faut lire *Le poème en prose des viandes cuites au four* chez le Bibliopole Vanier.

(Note de l'Éditeur.)

talisme pleurnichant du peuple, les tronçons
filandreux de l'aloyau sans suc (ô Folantin!)
arrosés d'eau de Seltz qui procure d'aigres
renvois, l'ineptie des Célines et des Désirées,
et l'inclémence antiartistique des sous-Hauss-
manns, assez peu sensibles au charme des
sites disloqués et dartreux pour déshonorer
par des travaux d'assainissement et des cons-
tructions de maisons bourgeoises la plaine de
la Bièvre — ce Chanaan de douceurs tristes,
cette adorable lande engorgée de mâchefer
et de plâtras, bossuée par des bourrelets et
des culs de pots de fleurs, semée, çà et là, de
fruits pourris et mangés de mouches, de
cendres et de flaques, empuantie par les en-
trailles mouillées des paillasses et les amon-
cellements d'ordures qui se tassent longuement dans la bouillie des fanges, etc., etc.
Il disait aussi la vaseuse imbécillité des littérateurs en renom.

Entre deux métaphores truculentes, Marcel Fouquier tentait parfois de glisser une

érudite et timide défense de Bourget ou Alphonse Daudet « ces misérables », clamait Huysmans. Las de ces malédictions après boire, l'Alceste impressionniste s'est retiré dans un coin écarté, où de brocher en paix il a la liberté. Brocher l'attirait : dans les *sœurs Vatard*, sans préjudice de ses célèbres notations de pipi de chat, il a décrit, en pages obscènes et minutieuses, la vie des brocheuses de l'atelier Guilleminot. Ces filles lui obéissent aujourd'hui ; Joris Karl est propriétaire (!) de l'immeuble sis 11, rue de Sèvres (Célérité. Travail soigné. Prix raisonnables).

Pour finir : Marcel Fouquier, nommé plus haut, me touche par l'ingéniosité de son amour filial.

Certain jour, à *la Nouvelle Revue*, un lot de cacographes — parfois spirituels pourtant — s'étonnaient d'un récent article de Henry-Nestor-Scaramouche-Colomba-ex-Colombine, où cet Athénien de Marseille célébrait

« les dents de l'aigle ». Quoique aussi vaguement renseignés sur la zoologie que sur la
syntaxe, nos seigneurs s'inquiétaient de cette
révélation odontologique, au point que le
pauvre Marcel, éperdu de bonne volonté,
affirma que son éminent père avait dû écrire
« hippogriffe », et que les typos distraits
avaient lu « aigle ». — Pardon, interrogea
Raoul Frary dans le silence général, Monsieur
votre père a donc l'habitude d'écrire « aigle »
avec un *h* ?

30 mars 1890.

XXV

A peine m'a-t-on retiré mon bonnet rose
(*Quos vult perdere*) qu'un vacarme infernal
éclate, rappelant aux murs du Cirque les
merveilleux tapages déchaînés jadis, alors
que Pasdeloup congestionné, cramoisi, en-
tonnait de force des lambeaux de Wagner —
en quel état, grand Dieu ! — dans les longues oreilles des chauvins récalcitrants.
Décidément, la musique est un art d'Agra-
ment.

Au programme de la première partie, rien
que de la musique, fort bien exécutée ; le

finale de la symphonie en *ut* mineur, d'une grandeur vraiment épique, est acclamé; on applaudit l'air trop connu de *Joseph*, méhul-odieusement soupiré par Talazac, l'ouverture de *Tannhäuser*, puis deux fragments de l'*Enfance du Christ* « la Fuite en Égypte », bien que le rogue Joncières en trouve « la facture inhabile » et « le Repos de la Sainte Famille », bien que les deux flûtes de l'accompagnement aient affiché une indépendance trop pleine de crânerie. Hélas! elles n'ont pas été seules, les deux flûtes, à manquer de mesure... Mais n'anticipons pas.

On attendait avec quelque curiosité la lecture de la *Passion*, un mystère très vanté avant d'être connu, dont l'auteur, M. Edmond Haraucourt, est aussi le Belmontet de certaine *Ame nue* où l'on trouverait des « Sonnets de sang » dont l'énumération des titres *Famille, Honneur, Socitéé, Justice, Patrie*, fait songer à la péroraison de quelque ancien discours préfectoral au 15 août.

Onze heures. *Intrat* Sarah, perdue dans
une robe blanche *non pluribus impar*, ses
cheveux roux tordus en un paquet mal noué
au bas de la nuque; puis Garnier, glabre et
bouffi; puis Brémond, jolie barbe blonde,
toujours ressemblant au *Rip* qu'il chanta
jadis avec un si bel accent du Calvados (*Rip*
à la mode de Caen); puis un régisseur. Ces
seigneurs s'asseoient et, après le prélude de
Parsifal, ils fonctionnent.

Que de vers! que de vers! Les alexan-
drins se succèdent impitoyables, encore,
toujours, monotones, du Laprade, du Ponsard parfois, sans trêve, comme la pluie sur
les toits, interminablement psalmodiés par
Sarah et ses acolytes qu'on entend à peine.
Le général de Galliffet s'endort; Tcheng-ki-
Tong, également général, lutte plus longtemps; le prince de Sagan, sans cordon de
moire à son monocle (que lui reste-t-il alors?)
fait la grimace; Sarcey renifle; les specta-
teurs haut placés commencent à s'agiter;

des murmures bruissent; ça moutonne, en
dépit des *Chut!* indignés que lancent Fauré,
Porel et Réjane, contraints de défendre le
traducteur de *Shylock*, Vacquerie qui pressent l'accueil réservé à *Futura*, Dupont-Vernon par esprit de corps (le seul qu'il ait),
Reinach qui réclame la censure. Tout à coup,
une voix gouailleuse, derrière Blowitz, crie
Miousic! Cette clownerie désopile. On s'es-
claffe. Musique! Musique! On demande La-
mou-reux sur l'air des Lampions. Dirigée
par Mariéton[1], un félibre qui possède un joli
talent sur lou rasoir, une bande de poète-
raux clame : « A la porte, les épiciers! » Va
pour épiciers; mais ils sont diablement nombreux ce soir ceux qui répètent avec Musset :
« La poésie, voyez-vous, c'est bien, mais la
musique c'est mieux. » Sarah pleure; Garnier, livide de terreur (comme l'orchestre

[1] M. Paul Mariéton, représentant du félibrige à
Paris, fut nommé récemment « Abbé de la Jeunesse ».
(*Note de l'éditeur.*)

d'*Ascanio*, d'après Gounod) prend la parole
et ne cache pas qu'il voudrait bien s'en aller,
avec ses camarades ; il ajoute : « Je suis la
Voix ». On lui répond : « J'aime mieux celle
de Talazac ». Et de rire ! Les amis du poète,
éperdus, donnent leur langue aux chiens —
je ne dis pas aux chats, vu l'austérité de la
circonstance. Et, sur tous les gradins, un
haro court.

Les discussions vont leur train. Doctement, Lapommeraye sert à ses voisins une
petite conférence d'où il appert que Des-
préaux condamnait « la dévote imprudence »
des Lamoureux du moyen âge qui, sotte-
ment zélés dans leur simplicité, jouaient les
Saints, la Vierge et Dieu, par piété. Fourcaud esquisse un sourire Méphisto-félin ;
Joncières hoche sa belle tête de vieillard,
Hartmann ouvre de grands yeux et Henry
Baüer se recueille, comme la Russie.

Ce désarroi pousse M. Haraucourt (Edmond) à bout, comme le fait remarquer Sar-

cey. Il dégringole de la petite loge au-dessus de la porte du toril, en face de l'orchestre, s'élance vers l'estrade, baise la main de Sarah, serre celle de Garnier, se retourne et s'écrie, brandissant son chapeau comme un étendard : « Nous allons attendre, pour continuer la lecture, que les personnes qu'elle ennuie (*Tous! Tous! Oui! Non!*) aient eu le temps de sortir. On jouera de la musique tout à l'heure. (*Tout de suite! Assez!*) Les personnes qui ont payé pour entendre un poème (*Il nous embête!*) l'entendront. »

Quand le poème est payé, il faut le boire, murmure Henry Fouquier. Très chic! a déclaré Clovis Hugues, bon juge en matière de correction. Après cet intermède, le poète-orateur, pâle comme l'Homère d'André Chénier poursuivi par des chiens, remonte à sa place, embrasse quatorze amis placés sur son passage, rentre dans sa loge, embrasse sa famille. Que de baisers! Ce n'est plus Haraucourt, c'est Jean Second.

Un calme relatif se rétablit. On supporte quelques vers encore et, la premiere partie de la *Passion* terminée, M. Garnier se hâte de proclamer le nom de l'auteur, qu'applaudit joyeusement le public, délivré de la crainte, qui l'obsédait, d'entendre la seconde partie.

Pour finir, M. Lamoureux joue l'*Enchantemet du Vendredi-Saint* sans paroles; il serait aussi ingénieux de réciter la *Prière d'Élisabeth* sans musique.

Pendant que mon ex-Patron se faisait allègrement conspuer au Cirque d'Hiver, en compagnie d'Edmond d'Haraucourt (ce Chambley qui, désireux de racheter sa grivoise *Légende des sexes* par un Mystère philosophico-religiosâtre, a maintenant la tirade régénératrice et le vers salutaire), une cousine de feu ma petite camarade s'est glissée au Châtelet, à dessein de s'édifier en Gounod. A lui seul, ce maître suave fai-

sait tous les frais d'un programme qui rappelait assez bien certains prospectus :

Old England. — *Souliers bains de mer.*
Old England. — *Complets pour gentleman.*
Old England. — *Articles de Lawn-Tennis.*
Old England. — *Papeterie anglaise.*

Ch. Gounod. — *Symphonie en* mi *bémol.*
Ch. Gounod. — *Cantique d'Athalie.*
Ch. Gounod. — *Vision de Jeanne-d'Arc.*
Ch. Gounod. — *Mors et vita* (*Trilogie sucrée*).

Juda manquait à la fête. Ce sémite n'aime
pas se montrer pendant la semaine sainte.
Pourtant on ne les brûle plus, en dépit des
anathèmes lancés par cet excommunicateur
nul — Torquenada, diraient les Espagnols
— de Paul Adam dont l'éloquence de la
chair (molle) promettait Drumonts et merveilles. Donc, Colonne s'était donné les gants
de soupirer virgiliennement *O Russe !* et de
gagner Moscou, pour y diriger un concert de
moujik de chambre, aguiché par l'espoir de
décrocher là-bas une croix de Saint-Stanislas,

à la grande loterie des Tsars décoratifs.
Aussi, pour attirer les Anglais, c'était
l'illustre compositeur de la *Nonne sanglante*
qui conduisait en personne, exhibant à l'admiration des foules sa plus belle tête de
« Victor Hugo sur son lit de mort. »

On s'est fort assommé. Proprette et bien
ratissée, la symphonie en *mi* bémol (un navet,
de vous à moi) a fait dormir, *quia est in ea
virtus dormitiva*, je pourrais dire *widormitiva*,
car elle semble écrite par le plus bénin des
élèves de Maître Ambros Thomas. Quant à
l'*Hymne de Sainte-Cécile*, quant à la *Vision de
Jeanne d'Arc* que vous avez voulu entendre
deux fois, étonnants habitués de Colonne (de
vos goûts et de Vaucouleurs...) quant à toutes
ces mièvreries d'une piété musquée, je les
hais, et je ne pourrai jamais dire assez haut
mon mépris pour cette eau bénite à l'opo-
ponax.

Après avoir fait le galantin avec la Madone
et marivaudé avec les Pères de l'Église,

M. Gounod nous a voulu montrer sa muse
actuelle, Mlle Lucie Palicot, qui, suffisamment maigre pour une artiste de carême, est
venue tricoter des jambes au piano pédalier
sous prétexte d'un *Concerto* excellent pour
l'éducation de l'orteil. En fait, c'est bien de
la musique à fouler aux pieds qu'elle nous a
trépignée avec un indéniable talon. *Well
done, miss !*

Deux hommes célèbres, seulement :
Georges Vanor, attendant son amie qui
n'est arrivée qu'à dix heures et demie
embaumant les fleurs et l'encens de toutes
les chapelles visitées ; puis le chef de la délé-
gation française à la conférence de Berlin,
qui s'offrait un peu de musique pour son
anniversaire : « Ils rencontrèrent un homme
de Cyrène appelé Simon... »

6 avril 1890.

XXVI

Victime infortunée de l'ire patronale, que
puis-je faire, monsieur le Directeur, qu'aller
ouïr un peu de musique, malgré le soleil aux
rayons tentants frappant mes croisées — ô
les tonitruances périgourdines de Goudeau,
horticulteur bitumineux ! — mais non plus,
hélas ! comme en mon beau temps, aux
Champs-Élysées... C'est chez Colonne que
je me rendis, au sortir d'une timide visite à
l'Opéra-Comique où le faunesque Édouard
(Noël ! Noël ! voici le secrétaire...) sous couleur de vérifier mes aptitudes au poste, ce-

pendant modeste, que j'ose ambitionner, a tenté de me prendre la taille. Fi donc, Noël ! Des Chevalliers de ta patrie l'honneur n'est donc plus... Je cite du *Robert*, à présent. Quelle déchéance !

Colonne donnait *la Damnation de Faust*. Plaignez, monsieur le Directeur, les souffrances d'une malheureuse créature qui admire Berlioz et veut l'aimer comme il convient, c'est-à-dire immensément. D'un côté, les calicots berliozomanes qui caquètent au poulailler du Châtelet la bourrèlent d'affreux remords ; de l'autre, elle risque de choir dans l'Hectorolâtrie en haine des adolescents à peine mouchés qui se permettent, avec moins d'esprit que Bouchor, de conspuer le Maître, cherchent des poux dans sa crinière léonine et rêvent de substituer à sa musique leur musiquette anémique à force de distinction, où l'on trouve, hélas ! trop de pose et pas assez de pauses, car les mesures pour rien en sont certainement les meilleures.

Le digne Auguez, je l'ai trouvé paterne, trop bon diable en Méphistophélès. Brander, c'était Augier, de Copenhague, dit-on, surnommé Augier le Danois pour le distinguer des neuf cent-quatre-vingt-dix-neuf autres chanteurs de ce nom. C'est encore le meilleur des mille Augier.

Mme Krauss, ce rossignol qui a avalé une chèvre, interprétait Marguerite. Charmante Gabrielle, n'es-tu pas quelque peu marquée pour l'emploi ? En vain tu dramatises le rôle (infiniment plus qu'il ne le comporte, par parenthèse), tu n'y saurais mettre le cachet d'innocence, de Verginité, Gabrielle. Mme Colonne paraissait, du moins, le croire. Ne va pas t'imaginer que tout Paris pour toi a les yeux de Reyssouze dont l'Alphonse Benoît, aveuglé par la passion, te trouve toujours belle inaltérablement, toujours Krauss de Saron.

Mais laissons cette Marguerite un peu effeuillée et cessons de nous occuper de la

flore pour passer à l'aphone. C'est de Talazac
que je veux parler ; faiblard dans le rôle du
docteur Henri, il a réellement abusé de la
permission de chanter faust. Tel m'a semblé
l'avis de l'Argonaute Holmès, aux belles
cnémides, qui trônait dans la loge directo-
riale, en compagnie de Camille Flammarion,
Jules Verne céleste à la chevelure comé-
taire.

Dès le début, on s'aperçoit que quatre-
vingt-quinze pour cent des notes de Talazac
ne dépassent pas sensiblement sa cravate.
Son timbre est passable, mais il n'a pas la
franchise nécessaire — si l'on me permet
cette métaphore éminemment postale —
pour interpréter cette première page de la
Damnation, si belle, si bien conduite, si bien
développée symphoniquement (ce qui n'est
pas très fréquent chez Berlioz). Vient la
Marche : jamais encore je n'ai vu Oreste Colonne agité par un si furieux délire ; hon-
grois généralement, dans la salle, qu'il

aura voulu donner des gages à de Munck-
assis (pardon), dissimulé au dernier rang des
fauteuils. Si j'étais la Triple Alliance, je me
méfierais de ce magyar épileptique — l'hey-
duque d'En-face — qui se fait remarquer
par son peu d'simplicité et qui, pour diriger
cette marche, racoczquin de sort ! a besoin
de s'écheveler, de fumer, d'invoquer Saint-
Étienne à tour de bras. Faut-il donc les
Croates et la bannière quand ton orchestre
ne demande qu'à aller, Hunyadi-Janos que tu
es? Après celle-là, tu ne pourras plus conduire qu'à cheval. — Les abonnés parlent de
se cotiser pour lui offrir un petit complet de
bataille indécousable, avec éperons d'argent
et sabre d'honneur. Les ouvreuses feront les
frais des bottes. Mais c'est trop d'Eljen ! Où
il y a de l'Eljen...

L'hymne de Pâques a été chanté assez
mal par les choristes, également mâles, aux
voix avinées. Et Talazac, en attaquant la
phrase *Oh! mon âme tremblante,* a lancé un

de ces *la* comme jamais n'en émit Laugier,
ni Tiersot lui-même, aux jours de coryza. Le
gratiné Bagès, qui guettait, en gilet à cœur
et cravate cuisse-de-nymphe inquiète l'instant de remplacer sur la scène — Engel
amateur — ce ténor cossiraffalé, moins fée-
rique que sphérique, Bagès n'a pu se tenir
de tousser à plusieurs reprises pour attirer
sur lui la bienveillante attention d'Édouard.
A signaler aussi l'indignation de Pierre de
Bréville, irrité d'entendre les bassons éructer
pendant la chanson de Brander, ainsi que les
laripétarades d'un Gil-Blass-tuba *shocking,*
évidemment gavé d'Armand Silvestre, mal
digéré. Pendant la fugue, sans doute excité
par celle qu'il vient de faire en Russie, Colonne a doublé la partie des ténors. Plus
généreuse, Mme Colonne, d'un bout à l'autre
du concert, a, de sa loge, doublé tout le
monde. Il ne reste plus que le prix des
places à doubler.

J'avoue goûter assez peu le réalisme excessif de la scène de la taverne, grossièrement orchestrée. Pourtant, les chœurs de soldats et d'étudiants sont jolis, même quand ils se mêlent, avec leur simili-contrepoint. Mais ces bords de l'Elbe! quelle floraison d'idées! quel génie!

Foulant aux pieds toutes les traditions, le public ne bisse pas la sérénade gouailleuse, d'ailleurs chantée par Auguez de telle façon qu'elle est devenue méconnaissable; on dirait une air nouvelle, remarquait Lalou. Mais ce sont là des accidents secondaires. Ce qui m'a semblé plus énorme, c'est d'entendre (le terme est-il exact?) l'*Invocation à la nature* « dite » par Talazac. Pourquoi pas Lamy? Quelle fantaisie de vouloir ténoriser avec une voix de demi-caractère et de demi-fraîcheur cette écrasante et sublime musique? Résultat lamentable; les meilleurs amis de l'imprudent n'osent pas risquer un applaudissement; « Talazac, prends ton *ut* et me donne un baiser, et partons », murmurait une vieille ouvreuse qui a jadis battu les absinthes d'Alfred de Musset. Accueil glacial du public. Le silence des peuples est la leçon des voix.

La merveilleuse course à l'abîme n'a pas même été un walk-over, les deux concurrents s'étant dérobés. Du moins on n'a rien entendu, ou presque rien, des remarques macabres échangées par les sympathiques jockeys de Vortex et de Giaour, assurés contre l'écrasement des passants.

Et tout a fini par le céleste chœur *Remonte au Ciel...* tirant des larmes à Fernand Le Borne—Fontaine. Ses cheveux gris au vent, vingt-cinq louis d'ivoire aux gencives, Diémer écoutait d'un air inspiré la belle phrase planer dans un halo de séraphique blancheur, sur le bercement des violons divisés. Ernst avait l'air de vouloir s'envoler. Georges Hüe, lui, semblait de glace, comme la mer parcourue jadis par lui en compagnie de l'étonnant Willy, grand amateur de suissesses dodues, initiant ces ballons de l'Helvétie aux beautés du *Roi de Lahore* qu'il interprétait avec une voix suisse generis.

Ce compositeur appliqué vient de finir une *Résurrection*, essentiellement sans flammes, musique trop calme de fort en thème qui a fait dire au révolutionnaire Chausson : « La *Résurrection* est le plus sain des devoirs. » Nous entendrons de lui, lundi prochain, à la Nationale, plusieurs petites choses, *Épiphanie* (à toi, Tiersot!)

Vu à l'orchestre le blond critique du *National*, que le titre même de ce journal force d'être le Stoullig des patriotes. Vu aussi le doux et dolent Eymieu, encore « horriblement fatigué » pour avoir entendu récemment « des fragments de Wagner d'un sentiment dramatique tellement exagéré que ce n'est plus de la musique » (*Musique populaire*, 5 avril 1890). L'exagération dramatique n'est pas le défaut d'une série de petites productions publiées par cet éclectique inouï qui partage son admiration entre Vincent d'Indy et Charles-Marie, le détersif auteur de *Maître Ambros* (Widorgeat! Limonade! Bière!) qu'il vient d'exalter dans le *Guide musical*. Ne frémis-tu pas, intransigeant Balthazar Claës, de lire — dans la feuille même où le maître de Liège est par toi célébré — des louanges folles adressées à ce bénin organiste de Saint-Sulpice qui, samedi soir, aggrava un cancer Érard, déjà terrible, de deux mélodies secrètes?

13 avril 1890.

XXVII

Quelle chambrée, hier, salle Pleyel, Messeigneurs ! Non seulement les habitués ordi-
naires, les célèbres compositeurs X., Y., Z.,
et tout le chœur des éphèbes dont les noms
commencent sans doute à vous être familiers,
mais les rares (pas de calembourg) les raris-
simes, tel Coquard, que l'on ne voit chez les
francs-maçons de la rue Rochechouart qu'à
des intervalles éloignés, et, *mirabile visu*, le
Grand Wagnérien de France, lieutenant-
général de la pensée du dieu, mestre-de-
camp de l'artillerie orthodoxe, Charles Bon-

nier ! Ce vieux Titurel du Bayreuthisme, qui gémit de voir le Gral aux mains péche- resses des Amfortas du Promenoir, avait daigné sortir de sa tombe pour venir entendre le quatuor de Franck. Après quoi, il est retourné au désert pour se replonger dans les béatitudes contemplatives de la foi (la foi du CharlBonnier).

Ce quatuor en *ré* majeur est tout bonne- ment une œuvre de maître, de grand maître. M. Franck continue la tradition beethove- nienne, mais c'est dans la troisième manière du géant qu'il prend son point de départ. Relisez les quatuors de Beethoven, du XIIIe au dernier, et celui de Franck vous en paraîtra la suite naturelle. Notez que cela n'enlève rien à l'originalité du compositeur; c'est tout au plus si un grincheux signalait une réminiscence de *Fidelio*, au début du *larghetto* franckien. Nos jeunes compositeurs nous ont tellement habitués au ressouvenir, et il est tellement impossible d'ouïr quatre mesures d'eux sans embrasser au passage quelques vieilles connaissances, que je ne m'étais même pas aperçue de cette très brève analogie. Il n'importe. Le thème de l'introduction (*Poco lento*), est de toute beauté, et parfaitement personnel ; je ne vous saurais dire l'effet qu'il produit lorsque le violoncelle le reprend, et, plus encore, l'impression du solo d'alto. *L'allegro*, qui débute par un motif de rythme très accusé, extrêmement dynamique, est on ne peut plus intéressant. Je vous signale le délicieux *scherzo*, où la phrase d'attaque, vive et tourbillonnante, emprunte aux sourdines un caractère mystérieux et fantastique : il semble que des follets et des sylphes mènent une danse vertigineuse, dans une rapide bouffée de vent. Ce motif alterne avec un autre, rêveusement berceur, dont le violoncelle conduit la conclusion, d'un charme si expressif que l'émotion vous prend tout à coup, alors que vous ne vous attendiez qu'aux caprices de la fantaisie. Que dirai-je du *larghetto* ? C'est une page inoubliable, aux multiples merveilles, que déflorerait toute analyse; en tout cas, elle compte parmi les plus belles qu'ait écrites celui que ses élèves, avec plus de respect certainement que de familiarité, appellent si volontiers le Père Franck. L'*allegro molto* commence par le retour des motifs essentiels précédemment entendus. Ces motifs servent de base à un admirable travail musical, que fleurit l'éclosion de deux thèmes nouveaux, l'un plein de douceur, l'autre de résolution, d'emportement, que le premier violon termine par un trille obstiné sous lequel le second violon le reprend aussitôt. Mais le point culminant de ce finale est le retour du premier thème du *scherzo*, que domine tout à coup, dans sa majesté sonore, la phrase sublime du *larghetto*. Si vous saviez de quel cœur on a applaudi !

Après de telles splendeurs, les plus belles choses devaient sembler pâles, à plus forte

raison les indigences que nous avons dû
subir. C'est Lazzari qui a ouvert le feu, la
douche plutôt. Malgré ton indulgence pour
ce Pellico du wagnérisme, ô blondulant
Willy[1], indulgence encore augmentée par.
l'envoi d'un trio blasonné d'une dédicace
somptueuse (passe-moi la dédicace, je te
posserai le Massenet...) tu ne pourras cette
fois te mettre en grands frais de louanges.
Mais dis donc, Lazzari de mon cœur, toi que
je sais talentueux, que fais-tu de cette
fôôrme dont tu proclamais naguère, dans une
lettre confidentielle à l'Ouvreuse, l'absolue
nécessité ? Une revanche à prendre, mon
Sylvio. Lazzari, Lazzari, relève-toi !

Diémer alors s'est élancé, et nous a régalés
d'une *Orientale* de lui, faiblarde assurément,
monotone comme la complainte des pêcheurs
morbihannais : Allons à l'Orient pêcher la

[1] M. Willy venait d'être qualifié de « blondulant
soiriste » par M Georges Lecomte, l'élève préféré
de M. Félix-Fénéon. (*Note de l'Éditeur.*)

sardine... Ce chevalier des touches a passé ensuite à la *Fileuse* de Stojowsky (atchi!). Poujaud a cru devoir faire observer qu'elle filait un bien mauvais coton, et le mâle Tiersot s'est étonné d'avoir envie d'imiter cette dame. Après cette fantaisie pour machine à coudre, nous avons avalé un caprice arabe de Pfeiffer, qui explique à lui seul les difficultés de la colonisation française en Algérie.

Nous espérions, pour nous consoler, que les fragments de Chausson seraient aux pommes (pardonnez-le-moi, il est obligé), mais ils ont un peu déçu les auditeurs et moi la première. Je ne rééditerai même pas, à leur propos, le *fowl is fine* du vieux William, car ce n'est pas laid, tant s'en faut : là où il n'y a rien... Je dénonce Chausson à l'ire de Rodolphe Darzens, pour le traitement qu'il a fait subir à ce pauvre Villiers... à qui le dénoncerai-je, pour sa traduction musicale de Verlaine, et pour celle de Leconte de Lisle? Voilà un musicien délicat, aux yeux

doux, à la jolie barbe, au talent fin et distingué, et que je voudrais admirer de toute
mon âme. Mais des erreurs comme cela, c'est
navrant ! Fafner-Bonnier rugissait dans son
coin, sur les intervalles que vous savez : *Mich
hungert sein...* Le gracile Wyzéwa profitait
de l'occasion pour nier la réalité du monde
extérieur ; seul, Servières, en complet gris
souris, paraissait prendre un plaisir extrême
à ces petites machines. Après cette audition,
Bellaigue s'est britanniquement esquivé, en
murmurant : « Tout finit par ce chausson. »

J'ai soupiré d'aise en écoutant le *Poème
des Montagnes*, de Vincent d'Indy, interprété
par l'auteur, à qui de Bréville tournait dévo-
tieusement les pages. Au moins, il y a là des
motifs, et un plan, et du charme. Après la
dèche mélodique, l'Ardèche a fait plaisir, y
compris la pittoresque utilisation de la valse
du *Freischütz*, très simplement préparée par
la figure d'accompagnement.

Vous me permettrez de négliger le ReDié-

14.

mer qui a suivi ; je me suis sauvée au milieu,
ce qui m'a fâcheusement privée d'entendre
Lénore de Duparc, un des moins vannés de
la bande. Ce jeune musicien, plus souvent
malade qu'à son tour, malheureusement, a
trois principaux titres de gloire : les mélodies
exquises qu'il a composées, le drame musical
qu'il élabore et qui menace de ne point
finir (*la Roussalkâ* est son nom), et surtout
la présentation à Franck de mon cher Camille Benoît. On m'assure que son œuvre a
été jouée avec une excessive rapidité, *Lénore*
va vite.

Le loisir me manque pour vous parler du
concert de lundi, où j'aurais voulu du moins
vous signaler le succès de Charles Bordes et
le four de Mme de Grandval, surnommée par
les admirateurs d'Halévy « Grandval m'endort. » Mais l'occasion d'y revenir se présen-
tera bientôt sans doute.

20 avril 1890.

XXVIII

Avant *Dante* — dont je vous parlerai la
semaine prochaine — il m'avait fallu subir
la *Traviata*. Ah Dieu! les rubans des bonnets sont seuls roses à l'Opéra-Comique [1].
L'avoir dix fois entendu, Lui, conduire d'un
archet impeccable, ou presque, *Tristan et
Iseult*, et subir le refrain *Di Provenza il mar,
il suol*, que sauvera seul l'adorable sirvente

[1] L'Ouvreuse commet ici une de ces lourdes erreurs qui prouvent jusqu'à l'évidence le parti pris
de ses jugements : les rubans des bonnets sont bleus
à l'Opéra-Comique.   (*Note de l'Éditeur.*)

à lui adapté : « Voyez c'thomme qui se
noye Pour avoir mangé de l'oye, Il va devenir la proye D'une huître ou d'une lam-
proye. » O chansons primitives! O trop cou-
pable Brunetière, qui veux démolir la poésie
exquise de nos pères, heureusement défendue
par Gaston Pâris, dit le monocle moyenâ-
geux.

Dieu aidant, je me mithridaterai peut-
être, mais, lors de la première représentation de cette *Trivialita* qu'il me fallut subir
jusqu'au bout, le poison italien fît des siennes
et Violette n'était pas encore morte que je
perdais connaissance entre les bras muscu-
leux de Noël qui me transporta incontinent
(c'est le cas de le dire) dans le cabinet où il
sécrète généralement. Je l'ai échappée belle;
déjà il me dégrafait d'une main sûre et
comme accoutumée à de pareils chopins,
quand un journaliste eut l'heureuse idée de
venir frapper à sa porte pour lui demander
des billets de faveur. Ses faveurs, il voulait

me les réserver, ses billets, il entendait les
garder; pendant qu'il reconduisait le pauvre
diable à grands coups de pied dans les gencives — c'est ainsi qu'il en use avec la
Presse — j'avais retrouvé mes sens. J'étais
sauvée... Pour combien de temps, hélas?...

Puisque je vous parle de Verdi, laissez-
moi vous dire la joie mauvaise que m'ont
causée son interview du *Monde artiste* et les
fureurs soulevées en Israël par ces jugements
rugueux. Il casse du sucre à diabétiser l'Institut, ce terrible Iago, sur le front auréolé
de Fra-Gounod, sur la tête hirsute du vieux
Thomas. Après *Aïda*, on l'avait accusé (ou
loué, comme vous voudrez) de mettre de la
choucroute dans son macaroni; aujourd'hui,
c'est du fiel qu'il y verse. *Inde iræ* chez les
Maîtres outragés; fureurs plus atroces encore chez les éditeurs qui se croient menacés
dans leur caisse, alors que les génies ne ris-
quent guère qu'une dépréciation morale,
moins importante pour eux. Rendons à

César... Certes, Verdi — ce mousicien qui a
oun casque, comme l'appelait Rossini — a
contribué pour plusieurs tombereaux à l'é-
norme tas de fumier musical que vous savez. Mais dans sa part on trouve des perles.
Et puis, c'est un gars. S'il n'a pas doubles
muscles comme se l'imagine le dithyram-
bique Bellaigue qui mouilla six mouchoirs
et sa voisine, à *Otello*, ce Tartarin de la
mélodie a du moins des muscles, et l'on ne
peut s'étonner du mépris qu'il professe pour
la musiquette chlorotique des nombreux *Tri-
buts de Zamora* perpétrés *invita Minervâ* (sans
inviter Minerve) par un académicien exta-
tique mais fourbu. Je ne donnerais pas un
mois de mes émoluments pour avoir fait *Don
Carlos*, mais j'aimerais mieux avoir sur la
conscience cette chaudronnerie — excusez la
métaphore — que la *Tempête* dans un verre
d'opium confectionnée par le sévère Ambroise.

Tu renouvelleras ta consommation de musicastres, n'est-ce pas, ogre italien? Un solide abatage est toujours gai, surtout quand tu tiens la trique. Comme le disait Victor Wilder : « Venant de n'importe qui, un bon éreintement vaut un louis; un bon à Verdi en vaut deux. »

Le plus drôle, c'est la roublardise de Massenet — ce Bellac de la musique a toujours su se garder à Caro — qui, appelé à donner son avis, s'en est tiré par une réponse délicieusement fuyante que n'eussent point désavouée Renan ou Barrès. A la bien lire entre les lignes, vous le reconnaîtrez, sa phrase ironique et respectueuse tout ensemble vise moins directement, peut-être, l'âpre italien que l'austère raseur qui préside, couronné de rhubarbe, aux destinées de notre Conservatoire — le Darcours de la rive droite.

A propos, savez-vous que cette antique maison de confiance vient de procéder à une petite exposition de fin de saison fort bien

imaginée? Sous la double influence de Garcin
et de Heyberger, « ces messieurs du Comité » avaient choisi, pour couronner la série des concerts de 1890, la *Messe en si mineur*. On poussait activement la préparation
de ce Bachalauréat. Camille Benoît exultait,
d'Indy jubilait, sans en avoir l'air comme
toujours, de Bréville déversait ses espoirs et
ses joies dans le sein de Chausson ; Bouchor
arpentait le boulevard Saint-Germain dans
un état d'exaltation qui inquiétait le toura-
nien Richepin, resté l'ami de cet Arya au
pauvre sang vicié par cinq mille ans d'héré-
dité dévotieuse ; et moi, faible ouvreuse, je
ressentais une émotion que je n'ai connue
qu'aux plus grandes circonstances de ma vie
— dispensez-moi de préciser. Mais, à la
porte du sérail, Weckerlin veillait. Il appa-
rut, brandissant un formidable rouleau de
sa musique (en scie majeure, celle-là) et devant sa calotte grecque, la noble perruque du
grand Sébastien s'effara. Le Comité refusa

d'heyberger Bach ; l'antique cantor de la Thomaskirsche fut renvoyé à l'an prochain, d'autres disent aux calendes, et, sur l'ultime programme, s'étalèrent — attristante sélection — les petites horreurs prétentieuses dans lesquelles excelle, depuis soixante-dix ans, ce bibliothécaire hérissé, une affligeante marche magyare qu'avait prévue la douleur du Dante « Nessun magyar dolore... » un *Psaume* digne de recevoir des psaumes cuites, une *Pastorale* qui n'a pas marché comme sur des houlettes et un *Samson* (à toi la mâchoire !) dont, par bonheur pour nos oreilles, le principal interprète, M. Baudoin-Bugnet, était également sans son. Je vous ferai, dans ma prochaine lettre, le portrait en pied de l'auteur — on ne peut en faire un autre de Weckerlin.

27 avril 1890

XXIX

Fidèle à ma promesse, je dois vous entre-
tenir encore de J.-B. Weckerlin ; et pourtant, j'aurais voulus esquisser un croquis de
l'homme du jour, de Godard ! J'aurais voulu
vous parler de ce modeste compositeur qui,
sur sa table de travail, a placé un buste le représentant à l'âge de douze ans, avec cette inscrip-
tion : *L'enfant disparaît, l'artiste se révèle.* Ce
sera le sujet de ma prochaine lettre ; pour
aujourd'hui, je me contente de lui proposer
une autre devise qu'il fera graver sur le

socle quand la sienne aura cessé de lui plaire :

> Le même tombe, l'homme reste
> Et le zéro s'épanouit.

Il ne perdra rien pour attendre.

Pour représenter dignement le Weckerlin, faudrait le pinceau de Goya, il faudrait la plume d'Huysmans, idoine aux métaphores comminatoires, il faudrait quelque Odilon Redon évoquant, orbitaire et fuligineux, ce plantigrade hydrophobe, par des nuées ocreuses où de vagues Tiersots étreindraient des Paladilhes acéphales.

A défaut de ces maîtres abscons, un moins délicat artiste (oh ! beaucoup moins !) pourra nous renseigner sur ce Labre de la musique, sur les vingt-huit opéras inédits qui grouillent dans son portefeuille, sur son génie, sur sa figure, sur son odeur; c'est le monstre lui-même. Dans ses *Musiciana*, il s'est peint au vif, outrecuidant, obtus et mal léché, tel que le juge quiconque l'approcha, fût-ce une seule fois, tel qu'il s'est révélé — tout dernièrement — à l'adolescent X... wagnérien à peine sevré : encore vêtu de l'innocence première, l'imprudent éphèbe pénètre dans la Bibliothèque du Conservatoire et demande au Fafner mâtiné de Mime qui veille sur le trésor des vieilles partitions, *Siegfrid-Idyll*. L'autre se hérisse et glapit, furieux : « Vous devriez penser, Môssieur, que Wagner n'a jamais écrit d'Idylle ; ça n'était pas dans son tempérament. » Éperdu, l'enfant s'enfuit laissant ce juvénal des Oursons en proie à une rage folle, — moins effroyable, cependant que celle dont il fut mordu, le 15 août 1867, en voyant le public de l'Opéra huer sa cantate bonaparto-rasante.

D'ailleurs ce n'est pas seulement Wagner « vulgaire plagiaire » que remet vivement à sa place cet admirateur de « l'éloquence » d'Arthur Pougin, c'est toute l'école moderne, accoutumée à « faire de la musique de chats qui se battent la nuit dans un carrefour » au

lieu de se livrer à ces minuscules arrange-
ments du *Bourgeois Gentilhomme*, lulliputiens
tripatouillages, que le doux Claretie lui-
même rejeta, plein d'horreur, bien qu'on le
crût castil-blasé sur ces forfaits.

Le plus maltraité, c'est Berlioz. Le caco-
graphe des *Musiciana* n'en laisse pas une
miette. Non seulement sa musique est ré-
duite en poudre, mais sa correspondance,
mais ses *Mémoires*... Le pauvre artiste n'a-t-il
pas la faiblesse de déclarer que, s'il était
riche, il aurait chez lui deux harpes? Lors
Weckerlin intervient, froidement ironique:
« Aurait-il pincé des deux à la fois? » Répondez, élève Berlioz! vous ne répondez pas?
ah! vous ne pouvez pas répondre! Et votre
tombeur a bien raison de vous reprocher
cet enfantillage; deux harpes chez soi! pourquoi pas deux tableaux? est-ce qu'on pince
deux harpes à la fois? est-ce qu'on regarde
deux tableaux à la fois?

Ailleurs, ce Berlioz s'était permis de trouver que la plupart de nos théâtres lyriques sont, musicalement parlant, de mauvais lieux (On voit bien qu'il ne prévoyait pas *Dante!*) et l'Opéra, particulièrement, lui semblait ignoble. Je voudrais savoir quelle serait, aujourd'hui, son opinion sur le bailloir où les *Patrie* succèdent aux *Dames de Monsoreau.*

Pour ses manières de voir, pour ses attaques contre Fétis convaincu, seulement, d'avoir arrangé les œuvres de Beethoven, ce qui, aux yeux du Weckerlin, est excusable et même louable, Berlioz est traité de dément, à plusieurs reprises. « Si tout cela n'est de la folie, qu'est-ce donc? »

Surtout, les *Musiciana* ne lui pardonnent pas d'avoir osé parler des « irritantes stupidités sur la musique » de Stendhal. Si M. Weckerlin le désire, je me fais forte de lui prouver qu'il n'existe guère qu'un critique musical plus sot que Stendhal, c'est celui qu'il voit dans sa glace en se débarbouil-

lant, chaque matin, — non, j'exagère, chaque semaine.

Un mot encore : on me dit que Chabrier,
aussi lacrymatoire que ventripotent, aurait
été contristé des innocentes plaisanteries
dont je me suis permis de larder son adipo-
cire. Va donc, hé, sensitive! Mais expli-
quons-nous d'abord : je serais désolée de
faire de la peine à aucun de ces messieurs
du promenoir, et, à dire vrai, je n'aurais pas
cru un seul de ces wagnérolâtres assez naïf
— leur musique l'est si peu — pour se sentir froissé de mes bénignes fumisteries. Toi
spécialement, vieux camarade, barde des
Petits Cochons roses, toi qui composas la suave
Villanelle des *Petits Canards* et cette affo-
lante transcription de *Tristan* où le cri
« Das Schiff » s'enrichit, à chaque répétition, d'un *f* surérogatoire, comment, mon
Emmanuel aimé, comment as-tu pu te for-
maliser des honnêtetés que, dans ton oreille
poilue, j'ai susurrées, discrète. Que les Go-

dards s'en irritent, c'est mon plaisir; que le déprimé Widor s'en indigne et m'accuse d'avoir vu le jour au pays du *Löwenbrau* (réclame payée), c'est ma consolation, mais toi!... Allons, fais risette à ton ouvreuse et, pour te consoler, elle va te conter une belle histoire.

C'était là-bas, *dahin!* aux rives où règne Wagner. Sa veuve, l'immense Cosima, laissait venir à elle de petits Français hypnotisés, frémissant de respect et d'emballement. Avec le tas, un compositeur truculent, Siegfried pour Moulin-Rouge, répondant au prénom d'Emmanuel, et auteur d'une *Gwendolinata* qui le place au-dessus de Paladilhe lui-même, fut présenté à cette amère fille de Liszt dont le nez menaçant, courbé en crochet à boutons ou en anse de panier — l'anse de Bülow — émergeait de longs voiles noirs.

Notre compatriote rougit, se troubla, et plein d'émoi, tâcha d'exprimer d'adéquates condoléances... Enfin, la parole se fit jour sur ses lèvres tremblantes ; et voici ce qu'il demanda : « Vous l'avez perdu bien jeune, Madame ? »

Dis-moi, mon gros, dis-moi, t'en souviens-tu ?

L'Ex-Ouvreuse du Cirque d'Été.

4 mai 1890.

Quel sujet prendre, mon cher Directeur ? *Dante ?* Hé non.!... je ne saurais faire concurrence aux critiques musicaux graves, surtout depuis que je sais, par un entrefilet de journal, que leur doyen, Thémines de Lauzières (ses familiers l'appellent Théière de Laumines) a publié en feuilletons la matière de 32 volumes (trente-deux).

Vous parlerai-je du retour de Saint-Saëns, et de son début dans l'art cher à Banville ? Non ; j'ai la nausée d'*Ascanio* et de l'impudente réclame organisée par de grossiers

fumistes autour de la fugue du compositeur,
fugue qui ne manque pas de divertissement,
si j'ose m'exprimer ainsi, puisqu'il s'est
trouvé des niais pour prendre toute cette
comédie au sérieux.

Que vous dire alors ? Ah ! voici votre
affaire... Samedi dernier, salle Pleyel, nous
avons eu un concert de la Société Nationale,
le dernier de la saison. Contrairement à
l'ordre logique, la séance s'est ouverte par
une *suite*, une suite fâcheuse, due à un certain Boellmann. Les exécutants, gent arrié-
rée, semblaient anéantis de voir le public
absolument réfractaire à la « belle » phrase
de la méditation, parente de la belle peinture
de Bouguereau, et de la belle littérature
d'Albert Delpit. Cette suite se termine par
un choral digne de Dubois, et aussi d'être
soigné à la maison du même nom.

Le « premier mouvement » d'une *Fantaisie*
de l'excellent M. de la Tombelle, qui a obtenu
le prix Pleyel, est, comme Sadi-Carnot,

correct et embêtant. Décidément, le premier mouvement n'est pas toujours le bon.
Bourgault-Ducoudray a été beaucoup moins
ennuyeux, avec un *Chant laotien* dont le
thème est fort joli. N'étaient des harmonies par trop occidentales et banales, on se
fût cru à Laos. D'autres préfèrent être à
l'abbesse, comme Renan (de la Ferté-sous-
Jouarre). De plus, l'histoire est un peu longue : avant la fin, on a envie de dire :
« Allez-vous-en, gens de Laos, allez-vous-
en chacun chez vous. »

Pas grand'chose à raconter sur la musique
pour *Shylock*, de l'ami Fauré. C'est fin, ingénieux, exquis, surtout le délicieux *Nocturne;*
les passages vocaux sont très agréables, quoique insuffisamment prosodiés, parfois, au
point de vue rythmique. Un M. Leprestre
(de vos bancs), qui a un peu moins de voix
que Bagès, a fait semblant de chanter la
délicate *Sérénade du Prince d'Aragon* et la
Chanson vénitienne, dont les vers sont gro-

tesques. Je ne sais vraiment pas pourquoi
Fauré, qui musiqua Verlaine, s'est pris
d'une telle Passion pour Haraucourt. Qui
l'eût cru ? Hélas ! Henri Lavedan — il y a
grand lieu de s'en étonner — vient bien de
s'enflammer pour Albert Delpit... ils prépa-
rent une pièce ensemble, à ce que disent les
gazettes.

Je passe sous silence *Lysic*, pantomime de
F. Larcher, musique de G. Marty, dont le
petit quadrille final sera la joie du Moulin-
Rouge. L'auteur juge qu'on lui a fait trop
peu de succès. Il a tort ; on ne peut être à la
fois juge et Marty. Besançon l'acclamera
peut-être. Mais voici la grande nouveauté,
un *Paysage* du jeune Bonheur, sur des
vers absolument ridicules d'Alber Jhouney[1], un inénarrable sous-Péladan. Jamais

---

[1] M. Jhouney s'appelle Jounet, mais quand il pu-
blia les *Lys noirs*, recueil de vers « ivres d'Elohim »
et consternant de platitudes, il crut devoir adopter
cette orthographe cabalistique, le jugeant plus con-

Jhouney n'a gâté beau paysage, diront les optimistes de l'admiration mutuelle. C'est égal, il faut avoir l'innocence de l'ineffable Bonheur pour s'emballer sur ce mysticisme philosophique. O Jhouneysse, Jhouneysse !

Dès les premières mesures, j'ai nagé dans une joie profonde, cette joie qu'on éprouve en revoyant le sol natal, ou mieux, en retrouvant un ancien ami de cœur ; j'avais reconnu Le Motif !

Il faut vous dire qu'à la Nationale, il existe un motif de fondation, que chaque sociétaire traite à tour de rôle. L'un travaille sur la « tête » du sujet, l'autre sur la queue, un troisième dans la région intermédiaire. On le désosse, on le trousse, on le prend par un bout, puis par l'autre, comme dans les imitations rétrogrades. Différemment harmonisé, décomposé selon des rythmes divers,

venable pour un mage qui s'effare « devant l'obscurité où s'enveloppe Iod-Héva l'inaccessible. »

(Note de l'Éditeur.)

altéré dans son mouvement et dans ses intervalles, le motif devient cévenol avec d'Indy (qui pourtant n'est pas en peine d'en trouver d'autres !), péruvien avec de Bréville, basque avec Bordes, breton avec Ropartz, assommant avec Vinée — il n'est pas étonnant que la musique à Vinée soit grise — ou ce Monach d'Albert Cahen. Cahen ! qu'as-tu fait de ton frère? Et puis l'intrumentation varie : Durand *(ein schönes Werk !)* le fait dire par trois trombones, Fauré par un violon solo, Bruneau par cinq clarinettes, Chausson par de jeunes dames charmantes.

Quoi qu'il en soit, après avoir entendu le Motif bien-aimé, je fus désagréablement impressionnée par d'affreux gémissements de malade : c'était le développement qui commençait. Mais bientôt, de plus douces sensations m'enchantèrent : le prélude de *Tristan*, traversé par des thèmes de *Siegfried*, montait, montait toujours, s'enflait monstrueusement. (Ce n'est plus de la tétralogie

mon ami, c'est de la tératologie, plutôt !)
Puis un grand bruit, une grande ivresse, au
moment sans doute où Bonheur « étreint la
déesse féconde », comme dit le contexte…,
et puis enfin le *decrescendo* cher à Wagner…
Si vous aviez ouï les applaudissements de
Poujaud ! il s'était muni d'un chapeau-
claque pour être plus à la hauteur ! Le tonnerre qu'il a fait a sonné si fort qu'on a dû
l'entendre de Magny… du reste Bonheur
avait fait le voyage, afin de recueillir lui
même les bravos. Je m'empresse de dire
que, malgré tout, son *Paysage* est fort gen-
timent écrit et même remarquablement
orchestré.

J'oubliais le *Convoi d'un fermier*, de Guy
Ropartz, un fermier qui était pour le moins
commandeur de la Légion d'honneur, si
j'en juge par les cuivres et par la batterie
mobilisée pour la circonstance.

Inutile de dire que le thème initial est
breton, comme Le Goffic lui-même, puisque

Ropartz — en qui revit l'âme du barde Gwenchlan — ne peut composer sans arborer le chupen, la ceinture large et le petit chapeau lamé d'argent. Et s'il travaille sur des poésies de Brizeux, non sur les vers de *Modes mineurs*, c'est qu'il les trouve assez musicaux pour n'avoir point besoin d'être « bercés au bercement rythmique des accords », m'assurait Fénéon[1], qui trônait, orné d'iris, et

[1] Il a empoisonné les derniers jours de Philippe Burty en lui déclarant que Harunobou ayant pour caractéristique 91, pour indicateurs d'écart 11, de dynamogénie 0,38, d'inhibition 0,73, et les plus veules indicateurs d'acuité, de diversité, de variété, de complexité et de complication, n'était qu'une sorte de Cot ou de Ballavoine, mais que le tori-i Kiyomitsu... ah ! les souples et vigoureux chiffres! C'est sa façon de faire de la critique d'art, — excès que blâme Ch. Henry lui-même, ce Bergeret des Math. Il s'aveugle d'un carreau : c'est sa façon de faire de la littérature, heureusement. On lui doit la mort de Vittorio Pica, Napolitain. Depuis, il change de prénom tous les mois (Félix, Élie, Porphyre, Thérèse, etc.) pour dépister la renommée, mais en vain.   (*Note de l'Éditeur.*)

escorté de gens camards, Russes, Kamtscha-
dales, Groëlendais. Cet homme, d'une gaîté
de nègre, se supplicie à vouloir se donner
un masque septentrional.

La sublime *Sixième Béatitude* du père
Franck (*Doctor Seraphicus*, comme dit Benoît
lorsqu'il traduit *Faust*) nous a tous trans-
portés d'admiration. Gabriel Marie a cédé la
place à Vincent d'Indy, qu'un reste singulier
de respect humain a empêché de conduire à
genoux. Le quatuor des Pharisiens, écrit
dans un style très scolastique, fait un étonnant contraste avec le chœur des Païennes
et des Juives. La phrase de l'Ange de la Mort
est superbe, et le chœur de Béatitude, *De
l'enfant la sainte ignorance*, se développe cé-
lestement, traversé par l'émouvant *leitmotiv*
de la voix du Christ : *Bienheureux les cœurs
purs...* Les Pharisiens m'ont paru mal
graissés. C'est M. Dinard qui fait la voix de
Dieu. Je ne sais si elle est impénétrable,
mais elle manque un tant soit peu de me-

sure. Les choristes vont bien. Aux répétitions, ils suppliaient de Bréville de les faire
recommencer, tellement cette musique si
émue les impressionnait. Et dame, impressionner des employés de commerce! Orphée
n'a dompté que des tigres...

Adieu, Nationale, qui fis seule ma consolation depuis ce jour de deuil, *illa dies!* où je
fus relevée de mes fonctions

par le cruel qui fait, au Cirque, la pluie et
le Wotan.

L'ex-Ouvreuse du Cirque d'Été.

11 mai 1890.

FIN

INDEX

A

Adam (Paul), p. 226.
Adcrer, p. 96.
Ajalbert, p. 215.
Alboni, p, 173.
Anacréon, p. 190.
Angis (d'), p. 26.
Arène (Paul), p. 206.
Audiffret-Pasquier (duc d'),
  p. 3.
Augier, p. 231.
Auguez, p. 51, 52, 84, 90,
  158, 194, 231, 235.
Azambre, p. 102.

B

Bach, p. 101, 183, 209, 253,
Bagès, p. 21, 32, 54, 59,
70, 105, 172, 183, 211, 234,
265.
Baju (Anatole), p. 214.
Balzac, p. 172.
Banville (Théodore de),
  p. 263.
Barbedette, p. 109, 110.
Baron, p. 207.
Barrès (Maurice), p. 251.
Bartholdi, p. 83, 113.
Bataille (Albert), p. 121.
Baudelaire p. 174.
Baudoin-Bugnet, p. 253.
Baüer (Henry), p. 13, 211,
  223.
Beethoven, p. 48, 57, 77,
  181, 240, 259.
Bellaigue, p. 28, 34, 43, 52,
  63, 70, 77, 84, 108, 130, 132,
  134, 141, 145, 172, 174,
  199, 202, 203, 245, 250.

Belmontet, p. 220.

Benoit (Alphonse), p. 79. 129, 165, 231, 270.

Benoit (Camille), p. 22, 32, 35, 60, 63, 70, 81, 100, 105, 132, 165, 173, 175, 176, 199, 210, 238, 246, 252, 271.

Berlioz, p. 4, 21, 39, 60, 63 87, 99, 111, 120, 140, 148, 192, 193, 195, 220, 230, 232, 258, 259.

Bernard (E.), p. 129.

Bessac (Ulysse), p. 209.

Besson, p. 16, 60, 62, 165, 198.

Binder, p. 153.

Bismark, p. 135.

Bizet, p. 21, 45.

Bjœrson, p. 72.

Blanche (Jacques), p. 107, 124.

Blavet, p. 133.

Blowitz (de), p. 183, 222.

Bloy (Léon), p. 137, 205, 214.

Bochefontaine, p. 145.

Boelmann, p. 264.

Boïeldieu, p. 98.

Boldini, p. 107.

Bonheur, p. 45, 102, 175, 266, 267, 269.

Bonnetain, p. 215.

Bonnières (M. et Mme de), p. 59, 126, 177.

Bonnier (Charles), 80, 100, 211, 239, 240, 245.

Bordes (Charles), p. 33, 54 85, 90, 246, 268.

Bornier (de), p. 107, 182.

Borodine, p. 167.

Bouchor (Maurice), p. 27, 67, 68, 183, 230, 252.

Boucicaut, p. 138.

Bouguereau, p. 102, 139, 264.

Bourgault-Ducoudray,

Bourget (Paul), p. 44, 217. 4. 98, 153, 265.

Boutarel (Amédée), p. 109.

Brancovan (Princesse), p. 172.

Braud (Paul), p. 155, 168, 174.

Brémond, p. 221.

Bréville (Pierre de), p. 11, 21, 32, 45, 54, 59, 70, 93, 161, 169, 175, 183, 198, 234, 245, 252, 268, 272.

Bréville (Job de), p. 54.

Brizeux, p. 270.

Bruneau (père et fils), p. 37, 45, 132, 151, 154, 162, 169, 268.

Brunet, p. 47.

Brunet Lafleur, p. 47, 53.

Brunetière, p. 130, 203, 248.

Bülow (Hans de), p. 261.

Burty, p. 270.

Bussière, p. 184.

C

Cabanel, p. 184.

Cahen (Albert), p. 268.

Campenon (général), p. 135.

Carnot (Sadi), p. 31, 124, 264.

Caro, p. 251.

Caron (Mme), p. 9, 11, 13, 18.

Carvalho (Mme), p. 211.

Castillon, p. 93.

Céard, p. 111, 209.

Chabrier, p. 32, 53, 100, 112, 142, 143, 151, 211, 260.

Chamberlain (St.), p. 80, 148.

Chamerot, p. 112.

Chaminade (Mlle), p. 53.

Chaumet (W.), p. 126, 139.

Chausson, p. 132, 174, 194, 237, 244, 252, 268.

Chevillard, p. 29, 150, 162, 174, 184.

Chénier (André), p. 224.

Cherbuliez, p. 200.

Chopin, p. 123.

Christophe Colomb, p. 195.

Claretie, p. 258.

Clercq (Mlle de), p. 92.

Colonne, *presque à chaque page.*

Colonne (Mme), p. 34, 231, 234.

Combes, p. 59.

Comettant (Jean-Pierre-Oscar), p. 110, 111.

Coquard, p. 54, 102, 131, 156, 239.

Coquelin, p. 205.

Couture, p. 21.

Curzon (Henri de), p. 203, 207.

D

Danbé, p. 152.

Dancla, p. 86.

Darzens (Rodolphe). p. 77, 244.

Daudet (Alphonse), p. 203, 206, 217.

Daudet (Georges), p. 150.

Debussy, p. 174.

Delafosse, p. 90, 112.

Delagrave, p. 172.

Delibes, p. 27.

Deloncle (Henri), p. 72, 105.

Delorne (Mlle), p. 92.

Delpit (Albert), p. 264, 266.

Delsart, p. 127, 174.

Déroulède, p. 71.

Diaz, p. 184.

Dickens, p. 203.

Diemer, p. 34, 72, 86, 100, 102, 126, 168, 172, 236, 243, 246.

Dinard, p. 271.

Dorel, p. 44, 66, 149.

Drumont (Éd.), p. 226.

Dubois (Th.), p. 264.

Dujardin (Édouard), p. 78, 181.

Dumas, fils, p. 206.
Dumény, p. 141.
Duparc, p. 40, 246.
Dupont-Vernon, p. 222.
Durand (Auguste), p. 268.
Duvernoy, p. 112, 133.

E

Endrès, p. 59.
Engel, p. 47, 84, 158, 234.
Erard, p. 168, 172, 238.
Ernst, p. 17, 32, 35, 38, 54,
 59, 70, 81, 89, 100, 134,
 183, 188, 195, 211, 236.
Eymieu, p. 108, 237.

F

Fantin-Latour, p. 59, 185.
Faure, p. 4, 9, 12, 88, 109.
Fauré, p. 67, 105, 222, 265,
 266, 268.
Fénéon (Félix), p. 210, 213,
 243, 270.
Fétis, p. 259.
Flammarion (Camille),
 p. 232.
Florr O'Squar, p. 199.
Fouquier (Henry), p. 9,
 216, 217, 218, 224.
Fouquier (Marcel), p. 216,
 217, 218.
Fourcaud, p. 81, 223.
Fournier (Paul), p. 129, 168.
Franck (César-Auguste),
 p. 3, 4, 22, 33, 35, 39, 68,
 74, 80, 84, 121, 153, 154,

169, 170, 174, 181, 202,
 240, 242, 246, 271.
Franconi, p. 134.
Frary (Raoul), p. 218.
Froissard (Jacques), p. 108,
 184.
Fursch Madi (Mme), p. 13, 65.

G

Gaillard, p. 193.
Gallet, p. 111, 118.
Galliffet (de), p. 221.
Galopeau, p. 55.
Garcin, p. 156, 157, 252.
Garnier, p. 38, 221, 222, 224,
 225.
Gaupillat, p. 108.
Gauthier-Villars (Henry),
 p. 38.
Gedalge, p. 76, 85.
Geffroy, p. 215.
Gervex, p. 116.
Godard (Benjamin), p. 10,
 11, 105, 122, 167, 182,
 255, 261.
Goncourt (Edmond de),
 p. 205.
Goudeau, p. 106, 229.
Gouffé, p. 187.
Gounod, p. 17, 19, 117, 121,
 130, 158, 201, 211, 223,
 225, 228, 249.
Gouzien (Armand), p. 73,
 133.
Goya, p. 256.
Grandval (Mme de), p. 173,
 246.

Greef (de), p. 72.
Grétry, p. 174.
Grieg, p. 67, 69, 72, 73.
Guaïta (Stanislas de), p. 136.
Guerne (de), p. 173.
Guilleminot, 217.
Guilmant, p. 134.
Guiot, p. 178.

H

Haendel, p. 123, 124, 173.
Halays, p. 89, 132.
Halévy, p. 45, 246.
Haraucourt, p. 220, 223, 224, 225, 266.
Harold Haardrade, p. 72.
Hartmann, p. 116, 223.
Haussmann, p. 216.
Haydn, p. 155.
Hennebains, p. 121, 127.
Hennequin, p. 214.
Henry (Ch.), p. 270.
Hermann, p. 104, 116,
Hervé, p. 142.
Heyberger, p. 252.
Holmès (Mlle Augusta), p. 15, 16, 17, 155, 168, 232.
Homère, p. 224.
Hosenscheisser, p. 30, 63.
Houfflack, p. 75, 163.
Huë (Georges), p. 70, 102, 103, 129, 175, 184, 236.
Hugues le Roux, p. 206.
Hugo (Victor), p. 27, 227.
Hugo (Georges), p. 7.
Hugues (Clovis), p. 224.

Husson, p. 76.
Huysmans, p. 212, 213, 214, 217, 2?6.

I

Indy (Vincent d'), p. 11, 18, 32, 35, 39, 40, 41, 54, 55, 59, 61, 63, 67, 70, 86, 116, 129, 133, 144, 155, 163, 174, 183, 211, 238, 245, 252, 268, 271.

J

Jamain, p. 170.
Jhouney, p. 266, 267.
Joncières, p. 86, 87, 88, 134, 220, 223.
Jullien (Adolphe), p. 81, 131, 184, 185.
Julien (Jean), p. 213.

K

Kerst (Léon), p. 164, 197, 198.
Kœchlin, p. 32, 54, 56, 59, 89, 92, 155, 185, 188, 195,
Koning, p. 176.
Krauss (Mme), p. 13, 26, 68, 79, 121, 129, 159, 173, 231.
Kunkelmann, p. 26, 59.

L

Lafleurance, p. 121.
Lalo, p. 33, 39, 86, 112, 133, 156.

Lalou, p. 161, 235.
Lamartine, p. 140.
Lamoureux (Charles). *Plus souvent encore que Colonne.*
Lamy, p. 235.
Landi (Mlle), p. 33.
Lapommeraye, p. 223.
Laprade (Victor de), p. 221,
Larcher (F.), p. 266.
Larivière (Charles de), p. 106.
Lascoux, p. 104, 124, 210.
Lassalle, p. 126.
Laugier, p. 234.
Laurence (Jean-Paul), p. 194.
Lavaux, p. 176.
Lavedan (Henri), p. 266.
Lazzari, p. 71, 102, 132, 145, 243.
Le Borne, p. 32, 71, 112, 169, 183, 184, 196, 236.
Lecomte (Georges), p. 243.
Leconte de Lisle, p. 77, 244.
Lecoq, p. 185.
Leduc, p. 104.
Lefèvre (Maurice), p. 150.
Le Goffic, p. 269.
Legouvé, p. 34.
Legoux, p. 173.
Lemaître (Jules), p. 137.
Leprestre, p. 265.
Lerolle, p. 59, 169.
Leroux, p. 86, 104.

Lesage, p. 197.
Lhérie, p. 152.
Liszt, p. 172, 261.
Litolff, p. 202.
Lorrain (Jean), p. 18.
Louis-Philippe, p. 162.
Loyal, p. 130.
Luther, p. 8.

M

Mac Mahon, p. 135.
Magnard, p. 177.
Maelzel, p. 161.
Mallarmé (Stéphane) p. 76, 77, 196.
Malten (Mme), p. 13, 161.
Marie (Gabriel), p. 271.
Mariéton, p. 222.
Marinoni, p. 198.
Mariott, p. 121, 175.
Marsick, p. 104, 152.
Marty, p. 93, 116, 266.
Massard (Mme), p. 3.
Massenet, p. 60, 93, 115, 116, 117, 118, 134, 139. 204, 243, 251.
Massiac, p. 89, 111, 190.
Materna (Mme), p. 13, 100, 159, 161, 162, 163, 164, 173, 182, 183, 186, 187, 188, 189.
Mauguière, p. 193.
Mazade (de), p. 200.
Melba (Mme), p. 123, 124.
Mendelsshon, p. 2, 7, 8, 83,

84, 113, 124, 127, 132, 145,
149.
Mendès, p. 133.
Mermeix, p. 153.
Messager, p. 132, 165.
Meyer (Henri), p. 152.
Meyer (Lionel), p. 196.
Meyer (Paul), p. 106. •
Meyerbeer, p. 8, 16, 31, 117,
202.
Michel (Louise) p. 143.
Menter (Sophie), p. 167.
Mirbeau (Octave), p. 206.
Morhenheim (de), p. 124.
Montalant (Mlle Berthe de),
p. 49, 56. 92, 193.
Montépin (de), p. 137, 197.
Montière (Georges), p. 137.
Montjau (Madier de), p. 16.
Moréas (Jean), p. 138.
Morny (de) p. 204.
Mozart, p. 4, 14, 39.
Munck (de), p. 233.
Musset (Alfred de), p. 222.
236.

N

Napoléon Ier, p. 135.
Niel (le maréchal), p. 175.
Noël (Ed.), p. 211, 229, 230,
248.
Nux (Véronge de la), p. 60.

O

Offenbach, p. 60.

P

Paladilhe, p. 20, 256, 261.
Palicot (Mlle Lucie), p. 228.
Pàris (Gaston), p. 248.
Pascal, p. 191.
Pasdeloup, p. 107, 219.
Paderewski, p. 168, 172.
Papus, p. 136.
Pasteur, p. 122.
Péladan, p. 136, 266.
Pène (Henry de), p. 77.
Perrens, p. 186.
Pessard, p. 197.
Pfeiffer (Georges), p. 86,
157, 168, 244.
Philip, p. 129.
Pierné, p. 104, 156.
Pierre (Docteur), p. 196.
Pillault (Léon), p. 203.
Piroïa, p. 67.
Planquette, p. 221.
Pleyel, p. 239, 264.
Ponchon, p. 202, 205.
Poniatowski, p. 190.
Ponsard, p. 221.
Ponson du Terrail, p. 137.
Porel, p. 97, 135, 222.
Pougin (Arthur), p. 131,
257.
Poujaud, p. 32, 46, 54, 59,
70, 100, 105, 132, 155, 165,
172, 183, 188, 244, 269.
Pousset, p 153.
Puvis de Chavannes, p. 184.

280   INDEX

R

Rabaud, p. 124.
Raff, p. 55.
Raffaelli, p. 215.
Récy (René de), p 15, 124.
Redfern, p. 148.
Redon (Odilon), p. 256.
Régnier (Henri de), p. 152,
  165, 184.
Reinach, p. 222.
Réjane, p. 222.
Remacle (A.), p. 121.
Rémy, p. 72, 101.
Renan, p. 251, 265.
Reyer, p. 9, 11, 13, 18, 125,
  133, 185, 199.
Reynier, p. 152.
Ribot, p. 43.
Richard (Mlle), p. 193.
Richebourg, p. 197.
Richepin, p. 205, 252.
Rillé (Laurent de), p. 17,
  214.
Rimsky-Korsakoff, p. 167.
Robert (Paul), p. 153.
Robert-Fleury (T.), p. 102.
Rochefort, p. 172.
Rodin, p. 204.
Roger-Miclos (Mme), p. 53,
  168.
Ropartz, p. 268, 269, 270.
Rollinat, p. 214.
Rossini, p. 250.
Rubinstein, p. 34, 172.

S

Sagan (prince de), p. 221.
Saint-Saëns, p. 9, 15, 43,
  44, 48, 124, 197, 198, 263.
Saint-Yves, p. 136.
Salvayre, p. 182, 183.
Sapelnikoff, p. 167.
Sarah Bernhardt, p. 221,
  222, 224.
Sarcey (Francisque), p. 52,
  77, 221, 223.
Sardou, p. 20.
Sari, p. 137.
Savard, p. 183.
Scholl (Aurélien), p. 138.
Schopenhauer, p. 185.
Schrœder-Devrient, p. 159.
Schubert, p. 71, 162.
Schumann, p. 3, 112.
Schuré, p. 134.
Schwabe (Wilhelm), p. 135.
Scudo, p. 198.
Second (Jean), p. 224.
Sellenick, p. 17.
Servières (Georges de),
  p. 32, 45, 54, 89, 133, 145,
  163, 210, 245.
Shakespeare, p. 224.
Silvestre (Armand), p. 140,
  234.
Soulacroix, p. 158.
Stendhal, p. 259.
Stock, p. 137, 214.
Stojowsky, p. 244.
Stoullig, p. 209, 237.

Stradella, p. 127.
Sucher (Mme), p. 161.
Swinburne, p. 148.

T

Taffanel, p. 123, 124.
Taillandier (Saint-René),
p. 174.
Talazac, p. 4, 220, 223,
232, 233, 235.
Tausserat, p. 152.
Tcheng-ki-Tong, p. 221.
Tellier, p. 59.
Terrail-Ponson, p. 137.
Tessandier (Mlle), p. 86.
Teste, p. 124.
Thémines de Lauzières,
p. 263.
Théo, p. 207.
Thérésa, p. 173.
Thierry (Augustin), p. 88.
Thierry (Gilbert-Augustin),
p. 154.
Thomas (Ambroise), p. 227,
249, 250.
Thomé, p. 131.
Tiersot, p. 22, 32, 45, 59,
70, 89, 97, 104, 124, 131,
163, 164, 183, 195, 210,
234, 237, 244, 256.
Tombelle (de la), p. 264.
Tom Cannon, p. 129.
Torchet, p. 131.
Trédern (vicomtesse de),
p. 173.
Triple-Sec (voir Kœchlin).

Tschaïkowsky, p. 59, 167.
Turban, p. 124.

V

Vacquerie, p, 222.
Vallombroso (de), p. 190.
Vanier, p. 215.
Vanor (Georges), p. 166,
169, 190, 211, 228,
Verdi, p. 249, 250, 251.
Vergnet, p. 18, 112.
Verlaine (Paul), p. 105, 244,
266.
Verne (Jules), p. 232.
Vibert, p. 196.
Vidal, p. 67, 183, 188.
Viélé - Griffin (Francis),
148, 180.
Villiers de l'Isle-Adam,
p. 76, 244.
Vinée (Anselme), p. 67, 70,
268.
Viollat, p. 183.
Violette, p. 248.
Vitu, p. 111, 164, 176.
Vogl, p. 13.
Vogué (Melchior de), p. 78),

W

Waefelghem (Van), p. 75.
Wagner, partout.
Wagner (Mme), p. 81, 261.
Weber (Charles - Marie).
p. 90, 191, 202.

Weber (Johannès), p 140.
Weckerlin (J.-B.), p. 252,
   253, 255, 256, 258, 259.
Wettge, p. 17.
White (James), p. 108, 127.
Widor, p. 227, 238, 261.
Wienawski, p. 128.
Wilder, p. 20, 38, 43, 51,
   78, 81, 87, 111, 128, 184,
   251.
Willy, p. 34, 37, 51, 66, 88,
   104, 124, 132, 152, 167,
   169, 188, 202, 211, 236,
   243,
Woglinde, p. 91.
Wolf (Albert), p. 146, 199.
Wolf (Johannès), p. 122.
Wollzogen (Hans de), p. 80.
Wyzewa (T. de), p. 37, 77.

Z

Zola, p. 70, 176, 205.

www.ingramcontent.com/pod-product-compliance
Lightning Source LLC
Chambersburg PA
CBHW051519050726
47595CB00002B/383